Humanidades

Lo visible y lo invisible

Carlos Peña

Humanidades
Lo visible y lo invisible

taurus

Papel certificado por el Forest Stewardship Council®

MIXTO
Papel | Apoyando la
silvicultura responsable
FSC® C117695

Penguin
Random House
Grupo Editorial

Primera edición: noviembre de 2025

© 2025, Carlos Peña
© 2025, Penguin Random House Grupo Editorial, S.A.
Av. Andrés Bello 2299, of. 801, Providencia, Santiago de Chile
Teléfono: 22782 8200
www.penguinlibros.com
© 2025, Penguin Random House Grupo Editorial, S. A. U.
Travessera de Gràcia, 47-49. 08021 Barcelona

Printed in Spain – Impreso en España

ISBN: 978-84-306-2888-9
Depósito legal: B-17.273-2025

Impreso en Gómez Aparicio, S. L.,
Casarrubuelos (Madrid)

TA 2 8 8 8 9

ÍNDICE

Se nos impone, pues, la tarea de comprender si, y en qué sentido, lo que no es naturaleza forma un «mundo» y, en primer lugar, qué es un «mundo» y, finalmente, si es que hay un mundo, cuáles pueden ser las relaciones entre el mundo visible y el mundo invisible.

MAURICE MERLEAU-PONTY,
Lo visible y lo invisible

La historia que vivimos es una escritura; en la escritura de la historia visible debemos leer las metamorfosis y los cambios de la historia invisible. Esa lectura es un desciframiento, la traducción de una traducción: jamás leeremos el original.

OCTAVIO PAZ, *Posdata*

La época actual es una en la que todo es tan significativo porque todo adquiere su significado de nuestros incesantes significados de significados. A esto ha llegado la cultura como crítica.

PHILIP RIEFF,
The Crisis of the Officer Class

Introducción
CICERÓN Y EL DESTINO DE LAS HUMANIDADES

Al interior de un aula universitaria se lee a Shakespeare
o Cervantes con la reverencia de quien asiste a un acto
litúrgico. En otra se los deconstruye para mostrar que
son producto de una cultura eurocéntrica y patriarcal.
En una sala se exhibe la copia de un clásico torso de
mármol, y al lado se ejecuta una atrevida *performance*.
En una galería se exhiben pinturas de una belleza apa-
cible y en otra se las despoja del marco para mostrar
que sin este carecen de toda aura. Un profesor enseña a
sus alumnos de historia la importancia de los archivos, y
otro, en cambio, subraya la importancia de saber narrar
para conferir verosimilitud a un pasado, que, les explica,
ya se fue para siempre. Una crítica literaria analiza un
conjunto de novelas y acto seguido declara que la crítica es también una forma de literatura, para concluir
que imaginar e interpretar lo que otro imagina es más o
menos equivalente. El director de un museo declara que
su deber es preservar las obras que le han sido confiadas,
mientras otro sostiene que su deber es mezclarlas para
que así broten nuevos significados. Un profesor de literatura enseña a leer los textos, y otro declara que estos

no existen puesto que un texto, explica, es el fruto de una comunidad de lectores. Un profesor de filosofía explica que la pregunta básica es por qué hay ser y no más bien nada, mientras otro declara que la filosofía demuestra que esta, la propia filosofía, ha muerto. Un arquitecto propone reconstruir de manera fidedigna una iglesia incendiada en una revuelta mientras otro sugiere dejarla en ruinas como un vestigio de la memoria. Un bibliotecario enseña que el archivo preserva el origen de las cosas, y otro en cambio enseña que el archivo edita y crea un nuevo comienzo.

Hoy cualquier cosa, o casi, parece susceptible de ser producida como arte según se observa en la plástica —vale la pena recordar aquí un magnífico artículo de Mario Vargas Llosa comentando una exposición en Londres y que tituló «Caca de elefante»—, por lo que todo también es susceptible de ser exhibido y puesto al alcance de las grandes audiencias en museos, exposiciones, la calle o internet y elevado a la categoría de obra, desde el *ready made* al grafiti, pasando por instalaciones enigmáticas, el video o la *performance* de variada índole. Todo, hasta el extremo de que es difícil distinguir entre lo místico y la mistificación. Las diversas formas en que hoy se cultivan y enseñan las humanidades parecen ser muestras de una fuerte desorientación, de una especie de confusión por la que se infiltran ideologías de la más diversa índole. Un autor, luego de constatar ese fenómeno en los estudios literarios, sugiere que ello es una muestra del extravío general de la cultura o, si se prefiere, de una crisis. Citando a José Ortega y Gasset, agrega que se trata de una deshumanización «de la investigación académica y de la crítica literaria». Todo esto, dice,

> no hace sino trasladar a la escena literaria algo de la atmósfera incoherente en la que vivimos. Estamos, tanto en la literatura como en nuestra vida cotidiana, desarraigados de un mundo en el que [...] los cambios han sido tan grandes que resulta difícil recordar el pasado o imaginar el futuro. No sabemos cómo encontrar nuestro camino en él, y nos quedamos en un estado de desconcierto, desgarrados, como señaló Paul Valéry, «entre un sentimiento de inutilidad y ansiedad».

Un prestigioso profesor de la Universidad de Viena sugiere, por su parte, que la crisis de las humanidades queda bien ejemplificada en la historia del arte. Una conferencia internacional convoca a decenas de intelectuales para tratar la crisis de las humanidades. Y el volumen *Crisis in the Humanities*, editado por el profesor J. H. Plumb, ha conseguido varias ediciones. La universidad, que es el sitio donde las humanidades se cultivan de manera preferente, tampoco se salva de esta crisis. A propósito de esta relación han aparecido *The Closing of the American Mind* de Allan Bloom, la obra más leída de todos los tiempos con respecto al tema, y *The Rot at German Universities* de Adolph Diesterweg. Bloom y Diesterweg utilizan la universidad moderna como un escenario propicio para mostrar que algo está profundamente mal en la cultura y que su síntoma, cuando no su causa, es el estado de las humanidades.

Lo notable, sin embargo, es que el artículo que diagnostica un cierto extravío en las humanidades es de hace setenta y cinco años atrás[1] y el texto que cita, en el que Ortega advierte la deshumanización, es de hace un siglo; el profesor vienés debió fallecer hace mucho puesto que su conferencia es de 1922;[2] la conferencia fue organizada en 1949;[3] y el volumen de Plumb es de 1964, es decir, de hace sesenta años.[4] Y si bien el texto de Bloom es de 1987, el género pareció iniciarlo Diesterweg en 1830. En los años posteriores el tema se ha reiterado infinidad de veces y, para probarlo, basta mostrar que la observación de hace sesenta y cinco años según la cual el desorden en las humanidades era reflejo del caos social, se repite apenas ayer, recién en 2015: el declive de las humanidades, se dice, refleja el declive de la sociedad en su conjunto.[5]

¿Qué hay en las humanidades para que las acompañe, como si fuera una sombra, esa permanente sensación de crisis?

---

[1]   Germaine Brée, «The "Interpenetration" of Literatures», *Modern Language Journal*, vol. 33, núm. 8, 1949, pp. 619-623.

[2]   Según se informó ese mismo año en: «Notes and News on International Educational Affairs», *The Journal of International Relations*, vol. 12, núm. 4, 1922.

[3]   «Southern Humanities Conference», *South Atlantic Bulletin*, vol. 25, núm. 3, 1960, pp. 16-19.

[4]   J. H. Plumb (ed.), *Crisis in the Humanities*. Londres: Penguin, 1964.

[5]   «The Decline of the Humanities and the Decline of Society», *Theoria: A Journal of Social and Political Theory*, vol. 62, núm. 142, 2015, pp. 50-66.

Por supuesto tal crisis tiene una versión, por llamarla así, externa. Ella consiste en un cambio en las condiciones materiales para ejercerlas, como la tendencia a administrar las universidades al modo de una empresa, la disminución del financiamiento público, la predominancia de los *managers* o administradores en la dirección de las instituciones académicas, la orientación cada vez más ideológica de la filantropía y el hecho de que los programas son, en buena parte de los casos, decididos por *boards* o consejos dominados por personas más cercanas a la administración empresarial o a las finanzas que por los cuerpos académicos. Todo ello configura una situación difícil para las humanidades que ha sido muy bien documentada.

Pero junto a ella hay otra dimensión de la crisis, podemos llamarla interna, que es de otra índole y parece constitutiva de su quehacer.

Se trata de una crisis acerca de su propia identidad, relativa al asunto del que se ocupan, que las hace a ellas y a quienes las cultivan vivir en medio de una permanente duda que alcanza a su propia existencia y a la forma de ejercerlas. Este tipo de dudas y de discrepancias es la que se verifica entre un profesor que enseña el canon tradicional y otro que lo deconstruye; entre quien lleva a los alumnos a una muestra de pintura del XIX y otro que, en cambio, prefiere las *performances*; entre quien enseña a hacer historia investigando los archivos, y quien enseña a los estudiantes que el sentido de los hechos y su veracidad proviene más de la narración que de las fuentes primarias; entre quien piensa que las humanidades deben preservar las creaciones y otro que defiende que su tarea es curatorial, mezclarlas para hacer brotar nuevos significados. Y mientras ellos discuten acerca de la índole de su quehacer, los observadores externos, los que enseñan las disciplinas STEM o los políticos o los burócratas, se preguntan si todo eso no será una pérdida de tiempo o de recursos o, lo que es peor, una pantomima de trabajo intelectual que esconde pura ideología, intentos por hegemonizar en favor de intereses particulares la formación de las nuevas generaciones.

Las páginas que siguen intentan mostrar de qué se ocupan las humanidades y por qué eso de lo cual se ocupan lleva consigo esa sensación de crisis interna, esa duda acerca de sí mismas de la que se sirven algunos observadores o cultores de las disciplinas STEM para abogar por su disminución.

Para hacerlo es, sin embargo, necesario un breve rodeo sobre el origen de lo que hoy llamamos humanidades. De esa forma podremos identificar el problema que les subyace.

El término *humanidades* agrupa a disciplinas como los estudios literarios, la música, la historia, las artes visuales y la filosofía. Abarca, pues, un amplio campo, que, según los tiempos, también se ha designado con la expresión ciencias morales, culturales, humanas o del espíritu. Todas esas denominaciones no solo las diferencian de las disciplinas STEM —el acrónimo para designar a las ciencias naturales, la tecnología, la ingeniería y las matemáticas— sino también de las llamadas ciencias sociales

—como la sociología, la ciencia política o la antropología— que se desprendieron de las humanidades a fines del xix y en la primera parte del siglo xx. La distinción entre esos ámbitos del saber humano puede remontarse de alguna forma a la obra de Aristóteles, en la que es posible diferenciar entre las obras sobre lógica e interpretación, agrupadas en el *Organon*, las ciencias teóricas y productivas que se encuentran, por ejemplo, en la *Física*, y por último las prácticas, como queda consignado en la *Política*.

El término debe distinguirse de *humanismo*, si bien están relacionados. «Humanismo» es un concepto amplio y recurrente en el largo periodo que va desde el fin del imperio romano de Occidente al siglo xv, hasta el punto de que puede hablarse de humanismos, en plural. Pero no ocurre lo mismo con el uso del término «humanidades», que es más tardío.

Hay noticia de su aparición en español en *El tesoro de la lengua castellana o española* de 1611, donde se mencionan las «letras de humanidad»; en el *Dictionnaire* publicado por la Academia Francesa que recoge el término recién en la edición de 1694; y poco después en la *Encyclopédie* de Diderot y D'Alembert de 1751. En esta última se dice que las *Belles-Lettres* han sido llamadas las «humanidades» porque su objetivo es difundir la gracia en la mente y la gentileza en los modales, y así humanizar a quienes los cultivan.

No cabe duda, sin embargo, que el antecedente del término es mucho más antiguo. Se encuentra en los *studia humanitatis*, que es la expresión que aparece por vez primera en el exordio de *Pro Archia Poeta*, un texto de Cicerón del 62 a.C. y que fue encontrado por Petrarca en 1333. Conviene detenerse por un momento en la figura de este último, que muestra algunos de los rasgos de quienes se dedicarán a las humanidades.

Petrarca trabajaba para una familia, los Colonna, y viajaba con ellos mientras cumplía con sus diversas obligaciones. Pero siempre estaba buscando libros, visitando monasterios por si encontraba alguno. A él debemos además lo que ha sobrevivido de la *Historia* de Tito Livio —sin la cual no existiría la obra de Maquiavelo sobre el republicanismo—. En los monasterios sobrevivían las grandes obras de la Antigüedad que los monjes leían y copiaban en silencio, comunicándose entre sí mediante gestos y bajo muy severas reglas. A uno de esos monasterios de Lieja, en Bélgica, llegó Petrarca y allí encontró el *Pro Archia*. Es fácil imaginarlo en el *scriptoria* del monasterio, inclinado en un pupitre sobre el que cae la luz que se cuela por vidrieras translúcidas, leyendo maravillado el texto de Cicerón que acaba de encontrar. Era tal su pasión por las letras que cuando sus amigos, al emprender un viaje, le preguntaban qué podían llevarle de sus países de origen, él solo tenía una respuesta: nada más que libros, y especialmente los de Cicerón. «No puedo hartarme de libros», confiesa a uno de ellos en una carta. Las riquezas, como el mármol o el oro o un campo bien labrado, «encierran un placer mudo y superficial». Los libros, en cambio, «deleitan en lo íntimo, charlan y aconsejan y se unen a nosotros por una suerte de trato vivo y resonante».[6] El *Pro Archia*, por él descubierto, es luego copiado por Coluccio Salutati, un notario a quien maravilló la lectura de Ovidio —le inspiró, dijo, «como un don divino», al extremo que comenzó a adquirir manuscritos de la literatura clásica por altas sumas de dinero[7]— y quien presenta por vez primera los *studia humanitatis* como un campo independiente, con un sentido propio, que incluye el estudio de la gramática, la retórica, la poética, la historia y la filosofía moral, y que es complementario de la *studia divinitatis*, o estudios bíblicos. Cuando las universidades italianas del siglo xv adoptaron el plan de estudios de los *studia humanitatis*, sus defensores fueron llamados *umanisti*, lo que dio lugar a los términos «humanista» y, más tarde, «humanismo».

El *Pro Archia* es un alegato en defensa del poeta Archias, a quien se acusa de haber usurpado la ciudadanía romana. Para defenderlo, Cicerón no solo cita las leyes concernientes al problema. En la parte más vibrante de su alegato, destaca que Archias es un poeta, alguien que cultiva las letras, señalando que, sin ellas, «los ejemplos de la historia seguirían en las sombras». Relata su propia experiencia y cuánto debe él mismo a la filosofía y al estudio de los textos de los que el poeta se ocupa. Ni siquiera un país bárbaro, observa, maltrató el nombre de

[6] Petrarca, *Epistolario. Cartas familiares.* Vol. 1. Barcelona: Acantilado, 2023, pp. 3, 18.
[7] Daniela de Rosa, «Coluccio Salutati, notaio e cancelliere», en: Teresa de Robertis *et. al*, *Coluccio Salutati e l'invenzione dell'Umanesimo.* Florencia: Mandrágora, 2008, p. 33.

un poeta. «A menudo las bestias salvajes se doblegan con su canto y se detienen: nosotros, educados en óptimas cosas, ¿no nos conmoveremos con la voz de los poetas?» Y en la parte cúlmine de su discurso, que más que una defensa del poeta lo es de la cultura literaria, se detiene a examinar qué se puede esperar del estudio de las letras. No es el buen juicio, puesto que hay individuos sobresalientes y sin cultura que, sin embargo, son personas serias y juiciosas. Tampoco son la virtud o el honor puesto que para alcanzarlos puede valer más una naturaleza sin instrucción que una instrucción sin naturaleza. ¿Qué debemos esperar entonces de las letras entendidas en un sentido amplio? Debemos esperar —esto es lo que dice Cicerón— que gracias a su cultivo brote o surja en nosotros «algo preclaro y único».[8]

Es esa afirmación de Cicerón, que con diversas fórmulas se va a reiterar de ahí en adelante, la que permite plantear la pregunta que orienta la búsqueda del sentido de las humanidades.

¿Qué es eso «preclaro y único» que brotaría en nosotros gracias al cultivo de lo que hoy llamamos humanidades? ¿Qué podrá ser si, como Cicerón se apresura a dejar claro, no es ni el buen juicio, ni la virtud, ni el honor?

Un texto del siglo II d.C., entre el 161 y 180, ayuda a responder esa pregunta. Se trata de *Noches áticas*, de

---

[8]   «Entonces ese algo preclaro y único suele surgir» [*Tum illud nescio quid praeclarum ac singulare soler existere*]. En: Cicerón, *Oratio Pro Archia Poeta* (edición latina revisada por Antonio Fontán). Madrid: Gredos, 1984, VII, 15.

Aulo Gelio. Allí se dice[9] que *humanitas* no significa ni cordialidad ni benevolencia, sino que alude al ideal formativo que los griegos llamaron *paideia* y que «nosotros llamamos educación e instrucción en las bellas artes». De entre todos los seres vivos, subraya este autor, solo a los humanos le ha sido otorgado el interés y el cultivo de esas artes. Y por eso, concluye, quien las busca y las apetece es más humano, de donde derivaría el término *humanitas*. La distancia entre el animal y el ser humano se estiraría y se aumentaría gracias al cultivo de las humanidades, gracias al cultivo de lo que los griegos llamaron *paideia*.

La *paideia*, según observa Werner Jaeger, es el modelo de la educación como «moldeadora del carácter», un quehacer que orienta a las personas hacia un cierto ideal moral, la plena realización de lo humano.[10] Jaeger trabajó en la Alemania de Weimar alentando el ideal del humanismo en la Universidad de Humboldt, pero debió huir para salvar a su mujer e hijos judíos. Lo irónico es que Jaeger escribe y defiende ese ideal humanístico en los años finales de la república de Weimar, cuando esos ideales van a ser arrasados. ¿Significa eso que el ideal de formación humanística es un imposible o en cualquier caso un ideal inútil? No, en absoluto, responde otro autor de una obra muy citada, porque la formación humanística es la que permite hacer frente a lo que de otro modo sería un vacío.

---

[9]   Aulo Gelio, *Noches Áticas*. Salamanca: Universidad de León, 2006, p. 13: 17.

[10]   Werner Jaeger, *Paideia. Los ideales de la cultura griega*. México D.F.: FCE, 2019, p. 12.

Y es que la *paideia*, explica, había tenido como objetivo convertir al hombre libre en el valor supremo:

> frente a las murallas derruidas de su ciudad y abandonado por sus dioses, frente a un mundo sin fin y un cielo vacío, el hombre helenístico buscaba en vano algo a lo que pertenecer, alguna estrella que guiara su vida, y su única solución era volverse hacia sí mismo y buscar allí el principio de todas sus acciones.[11]

Lo propio del ser humano sería la razón y su instrumento esencial sería la palabra. La libertad humana se ejercería a través del lenguaje. Gracias al lenguaje el individuo humano podría obtener todo tipo de conocimiento y sin este incluso la técnica se le escaparía.[12]

Ninguno de esos autores estaría del todo de acuerdo con quienes, como Martha Nussbaum,[13] atribuyen a las humanidades el valor de desarrollar la empatía o la distancia crítica frente a la propia cultura. Tampoco con

[11] Henry I. Marrou, *A History of Education in Antiquity*. Nueva York: Mentor Book, 1964, p. 307. Para una comparación en la que no podemos detenernos aquí entre Jaeger y Marrou, véase: Jaś Elsner, «*Paideia*: Ancient Concept and Modern», *International Journal of the Classical Tradition*, vol. 20, núm. 4, 2013, pp. 136-152. Elsner observa que mientras Jaeger posee una concepción de la *paideia* vinculada a la comunidad, Marrou formula otra que enfatiza la individualidad.

[12] Francisco Rico, *El sueño del humanismo. De Petrarca a Erasmo*. Barcelona: Crítica, 2018, p. 173.

[13] En: Martha Nussbaum, *Sin fines de lucro. Por qué la democracia necesita de las humanidades*. Buenos Aires: Katz, 2010; Cfr. Martha Nussbaum, *El cultivo de la humanidad. Una defensa clásica de la reforma en la educación liberal*. Buenos Aires: Paidós, 2005.

quienes suelen atribuir a las humanidades el desarrollo del pensamiento crítico. Esos puntos de vista les parecerían, y es probable que con razón, una versión más o menos utilitaria de las humanidades. Porque en las humanidades, si bien pueden prestar esos servicios y hacer de los individuos personas más tolerantes y despegadas de su tradición, no es ese su valor más propio, ni son las humanidades las únicas que podrían producir esos efectos. En la tradición que a grandes trancos acabamos de revisar, el sentido de las humanidades es otro y consiste en desplegar en el máximo de sus potencialidades aquello que es más propiamente humano. Eso es lo que se pensó a pie juntillas desde Cicerón o Aulo Gelio hasta Jaeger, pasando por Petrarca.

Sin embargo, luego de la catástrofe —como la que sobrevino en Weimar justo cuando el ideal de la *paideia* se expandía— lo que cabe preguntarse es en qué consistiría la *humanidad de lo humano*. Después de todo, en una sociedad fascinada y seducida por la alta cultura[14] sobrevino Auschwitz. Como Martin Amis fabula, no es difícil imaginar a las élites alemanas, educando a su familia en las letras, cultivando la música y el deporte mientras las chimeneas de los hornos se dibujaban en el horizonte.[15] Todo ello dejó a muchos de quienes predicaban las humanidades con las «manos sucias», como por

[14]   Wolf Lepenies, *La seducción de la cultura en la historia alemana.* Madrid: Akal, 2006.
[15]   Martin Amis, *La zona de interés.* Barcelona: Anagrama, 2015.

esos mismos días Jean-Paul Sartre titulaba una de sus obras. ¿Qué era entonces aquello «preclaro y único» que, según Cicerón, el estudio de las letras desataba? ¿Qué es la *humanitas*?

Esa es la pregunta de Heidegger en la famosa *Carta sobre el humanismo*, escrita en los años sombríos de la inmediata posguerra, cuando las ciudades europeas aún humeaban. La envía a un discípulo lejano, quien le había formulado la pregunta en una carta redactada en un café sin tener muchas esperanzas de respuesta. Entretanto, Sartre había escrito *El existencialismo es un humanismo*, donde sostenía que en la medida que la existencia antecedía a la esencia, el individuo humano estaba condenado a elegirse en cada uno de sus actos. Heidegger reacciona frente a ese punto de vista y arguye que todo humanismo, desde el cristianismo en adelante, comete el error de dar por resuelta la cuestión de en qué consista la humanidad de lo humano.

No podemos, dice, recobrar un sentido a la palabra humanismo —la carta fue escrita en 1946— sin pensar en qué consiste el hombre, el ser humano. Porque, sugiere Heidegger, al haber olvidado esa pregunta, al haber ignorado ese problema, los seres humanos se dejaron llevar por la interpretación técnica de sí mismos, por la idea de que la totalidad de lo que existe, incluso otros seres humanos, está al servicio del sujeto. Y ello, sugiere, ha conducido al nihilismo. Han olvidado que el mundo en derredor es contingente y depende de nuestras interpretaciones. Un año después, en 1947, en las conferencias que dicta en la Universidad de Columbia, Max Horkheimer advierte acerca de una «enfermedad de la razón» que acaba convirtiéndola en dominio, en mero poder.[16]

Casi dos décadas más tarde, Michel Foucault escribe *Las palabras y las cosas*. En las líneas más famosas de ese texto sostiene que lo que llamamos hombre o ser humano habría nacido a la sombra de una constelación cultural —a la que llama *episteme*— que cuando decaiga o desaparezca hará que el ser humano, tal como lo entendemos, se disuelva «como el dibujo de un rostro en la arena». Michel Foucault nos recuerda así que el mundo se configura, de alguna forma, siguiendo las líneas que, sin que a veces nos demos cuenta, dibujan las interpretaciones que forjamos acerca de lo que somos.

¿Tienen un sentido las humanidades si, como vemos, el individuo humano vive en una malla de interpretaciones de un texto cuyo original no le es dado a conocer?

Por estos días suele oírse que no, que quizá las humanidades deban ceder su lugar a la tecnología y a la innovación porque, se dice, con ellas no se puede hacer nada. Las divagaciones de los literatos, de los filósofos, de los artistas, de los historiadores son mínimas y parecen, en efecto, ridículas al lado de los prodigios de que es capaz la ciencia. Y es cierto que con las humanidades no se puede hacer nada, pero quizá ellas puedan hacer algo por nosotros: recordarnos la índole del mundo en que vivimos, ese paisaje de signos y de símbolos que le dan sentido al

---

[16]   Max Horkheimer, *Eclipse of Reason*. Londres: Continuum, 1974.

tiempo y que parecen indicarnos cuál es el significado de lo que existe. Las humanidades serían entonces como una cerilla encendida en un cuarto oscuro. Hay que decir de ellas lo que Javier Marías dice de la literatura: son como «una pobre cerilla cuando se la enciende en mitad de la noche, en mitad de un campo. No sirve para iluminar nada, solo sirve para ver un poco mejor cuánta oscuridad hay alrededor».[17]

Y ese es el valor de las humanidades. Ver más y mejor la oscuridad. Recordarnos una y otra vez esa extraña condición que nos constituye y que, cuando la traemos a nuestra conciencia, espanta cualquier dogmatismo. Así, la tarea de las humanidades consistiría en hacer brotar eso que, según imaginó Cicerón, era «preclaro y único»: la capacidad del individuo humano para interrogar a la cultura e intentar develar el significado que le subyace. Eso es lo que lo lleva a leer novelas e interpretarlas, visitar iglesias incluso sin arrodillarse, escribir ensayos, mirar o describir ciudades, oír música. ¿Hay en cada una de esas cosas el reflejo de algo permanente o, en cambio, se trata de la interpretación de una interpretación sin un texto original con el que podamos contrastarlas? Los edificios, los textos, los vestigios del tiempo, las artes, ¿insinúan algo que vale la pena saber o se trata solo de sombras? Es probable —sugirió Kant— que el ser humano tenga el singular destino de estar acuciado por ese tipo de pre-

---

[17] «La ausencia y el azar», entrevista de Guillermo Altares en *Babelia*, *El País*, 2 de abril, 2011.

guntas que no puede rechazar, y que tampoco le es dado responder. Ese «singular destino» es lo que somos y no podemos eludir. Incluso Otto Neurath, un empirista que se opuso al idealismo kantiano, usó la imagen del barco de Teseo para describir la imposibilidad de predecir nuestro futuro, pero, a la vez, la necesidad de imaginarlo:

> Somos como marineros que, en alta mar, deben reconstruir su barco, pero nunca pueden empezar de cero. Donde se quita una viga, hay que colocar otra de inmediato, y para ello se utiliza el resto del barco como soporte. De esta manera, utilizando las vigas viejas y la madera flotante, se puede dar una forma completamente nueva al barco, pero solo mediante una reconstrucción gradual.[18]

Cuando se tiene presente esa forma que revisten las interpretaciones que configuran nuestro mundo y que, bien mirado, son las que alientan el esfuerzo de los estudios literarios, de la historia, de la filosofía, del arte y de todo aquello que a veces ante la impaciencia del lector o de la audiencia —y lo que es peor, a veces a los ojos de las autoridades universitarias— parece una mojiganga, se hace flagrante cuánto perderíamos si se desalojara a esas disciplinas de las universidades, o se las arrinconara en una esquina, bajo el pretexto de que son pura ideología.

---

[18] Otto Neurath, «Anti Spengler», en *Empiricism and Sociology*. Dordrecht: Reidel Publishing Company, 1973, p. 199.

I
LA LECCIÓN DE UNA FARSA.
EXAGERACIONES ACERCA DE LAS
HUMANIDADES

En el número de primavera de 1996, el físico Alan Sokal publicó en la revista *Social Text* un artículo de título atractivo e intrigante: «Transgrediendo los límites: hacia una hermenéutica transformadora de la gravedad cuántica».[1] No solo el título intimidaba, sino también las notas y la bibliografía en que apoyaba su argumento, nada menos que veinte apretadas páginas, casi dos tercios del total del artículo. En el texto, Sokal esgrimía una versión popular de la «construcción social de la realidad» y se proponía mostrar que

el discurso de la comunidad científica, a pesar de su innegable valor, no puede reivindicar un estatus epistemológico privilegiado con respecto a las narrativas contrahegemónicas que emanan de comunidades disidentes o marginadas.[2]

El artículo sostenía que lo que consideramos discurso verdadero, era, en realidad, una entre otras varias formas

---

[1]   Alan D. Sokal, «Transgressing the Boundaries: Toward a Transformative Hermeneutics of Quantum Gravity», *Social Text*, 1996, núm. 46/47, pp. 217-252.
[2]   Ibídem, p. 218.

de concebir la realidad. Y su verdad provendría de alguna forma de dominación social derivada de la historia, la clase, el género o la sexualidad. Las críticas feministas y posestructuralistas —sostenía el artículo— habrían desmitificado el contenido sustantivo de la práctica científica occidental dominante, revelando la ideología de dominación oculta tras la fachada de su «objetividad».

Para dar plausibilidad a su tesis, Alan Sokal sugería que en la gravedad cuántica el espacio-tiempo deja de existir como realidad física objetiva; la geometría se vuelve relacional y contextual; y las categorías de la ciencia anterior —entre ellas, la propia existencia— se relativizan. Al decir todo eso mostraba una sorprendente erudición: recordaba el principio de incertidumbre de Heisenberg y, además de la gravedad cuántica, incorporaba citas de la relatividad general. Concluía con un razonamiento formalmente irrefutable: si el contenido de la ciencia está limitado por el lenguaje que empleamos y si la corriente principal de la física emplea el lenguaje de las matemáticas, y si todo lenguaje está cercado por la historicidad, entonces vale la pena preguntar: ¿las matemáticas de quién? El autor cerraba su artículo afirmando que:

La pregunta es fundamental, ya que, como ha observado Aronowitz, «ni la lógica ni las matemáticas escapan a la "contaminación" de lo social». Y como han señalado repetidamente las pensadoras feministas, en la cultura actual esta contaminación es abrumadoramente capitalista, patriarcal y militarista: «Las matemáticas se representan como una mujer cuya naturaleza desea ser el Otro conquistado». Por lo tanto, una ciencia liberadora no puede estar completa sin una revisión profunda del canon de las matemáticas.[3]

Sokal decía que la literatura que examinaba tenía «profundas implicaciones para el contenido de una futura ciencia posmoderna y liberadora».[4]

El artículo, sin embargo, no era serio, o al menos no lo era en el sentido usual, puesto que se trataba de una parodia, de una pantomima, de una brillante imitación de la jerga posmoderna que es posible encontrar en algunos departamentos universitarios. El consejo editorial de *Social Text*, integrado por prestigiosos intelectuales, no lo advirtió y entonces Sokal explicó triunfante en otro artículo, esta vez publicado por *Lingua Franca*, en qué había consistido su experimento.[5] Se trataba, dijo, de probar que un artículo tapizado de sinsentidos y tonterías podía ser admitido en una revista de crítica cultural a condición de que sonara bien a los oídos de los intelectuales de ese campo y halagara la ideología de los editores. Sokal no era un conservador o un tradicionalista amenazado por los descubrimientos de las nuevas generaciones, sino «un izquierdista a la antigua usanza», dijo, a quien preocupaba que las disciplinas de moda y la jerga oscura pudieran acabar perjudicando a la causa izquierdista. «Al perder

---

[3]   Ibídem, p. 231.
[4]   Ibídem, p. 218.
[5]   Alan D. Sokal, «Physicist experiments with cultural studies», *Lingua Franca*, 1996, pp. 62-64.

contacto con el mundo real, se socava la perspectiva de una crítica social progresista», concluyó.

El experimento de Sokal —desde luego, han existido otros semejantes en el campo académico— puede ser visto como una prueba de la liviandad y de los sesgos de confirmación con que actúan las revistas o, en cambio, como una muestra de que las humanidades son un terreno fértil para transformar ideas valiosas en fácil charlatanería.

Es probable que como experimento no sea muy digno de confianza puesto que, a diferencia de otros, su muestra puede considerarse anecdótica —ha habido experimentos similares en que se han revisado centenares de revistas para confirmar el sesgo que poseerían—; pero no cabe duda de que el artículo de Alan Sokal y el libro que le siguió, *Imposturas intelectuales*,[6] sumados a otros de igual o parecida índole, como los de Roger Scruton[7] o antes de estos los artículos de John Searle,[8] obligan a preguntarse si acaso los puntos de vista de las humanidades son proclives a la palabrería y a la verbosidad engañosa.

Desde luego en la amplia literatura de las humanidades hay ejemplos similares a aquellos que imagina Sokal,

---

[6]   Publicado originalmente en francés: Alan D. Sokal y Jean Bricmont, *Impostures intellectuelles*. París: Odile Jacob, 1997.

[7]   Roger Scruton, *Fools, Frauds and Firebrands. Thinkers of the New left*. Londres: Bloomsbury, 2015.

[8]   Especialmente «The Storm Over the University», *The New York Review*, 6 de diciembre de 1990. Una compilación de los textos de Searle en español puede encontrarse en: John Searle, *La universidad desafiada. El ataque posmodernista en las humanidades y las ciencias sociales*. Santiago: Bravo y Allende Editores, 2001.

pero se trata de exageraciones a partir de puntos de vista que, bien mirados, son razonables. Por ejemplo, parece obvio que una parte de nuestro discurso es dependiente de un contexto cultural, de manera que predicar su validez con independencia de la circunstancia en que fue emitido puede ser considerado absurdo. Pero ello es distinto a sostener que todos nuestros conceptos son válidos solamente para el contexto en medio del que se profieren. También es razonable sostener, como veremos, que la historia es dependiente en alguna medida del punto de vista del historiador, pero no se puede inferir de ahí, sin más, que entonces la historia es una variante de la literatura.

Las humanidades son abundantes en respuestas y puntos de vista que pueden ser contraintuitivos y que a veces se exageran, pero cuando se examinan las preguntas que las desatan se advierte que son el intento de responder cuestiones claves de la cultura. Por lo mismo hay que decir de ellas lo que decían Immanuel Kant o Ludwig Wittgenstein: los seres humanos tienen el destino singular de hallarse acosados por preguntas que no pueden rechazar porque provienen de la razón, pero que tampoco pueden responder porque sobrepasan los límites de esta última.

Un debate que está en el centro del tema que trata este libro —relativo a qué obras merece la pena leer— muestra de qué manera las preguntas de las humanidades atingen a los límites de nuestra condición.

Hay quienes piensan que las humanidades deberían esforzarse por enseñar un puñado de obras prestigiosas que configurarían un canon donde estaría depositado lo mejor de lo humano. Esta es la idea que subyace a lo que en otras ocasiones se llama el estudio de los clásicos. Otros, en cambio, sostienen que en la medida que todo discurso se emite desde posiciones de poder, desde un género, una clase o una etnia, la idea de canon sería una forma ideológica de exclusión. Para los primeros, soterrado en los textos hay algo válido para todo tiempo que debemos rescatar; para los segundos, estas obras enseñan las formas diversas con que se camuflan los diversos intereses humanos y el poder, algo que sería relativo al tiempo en que se producen. En un caso existe un único canon que debemos enseñar para acceder así a una verdad que de otra forma permanecería oculta; en el otro los hay múltiples, tantos como los sitios desde los que los textos pudieron ser enunciados, de manera que la verdad o no existe o, lo que es casi lo mismo, queda fuera de nuestro alcance. En un caso se subraya que hay verdades universales, propias de la condición humana, que los textos enseñarían y en el otro se subraya tanto la diferencia que surge de los textos como las circunstancias en que fueron compuestos.

El primer punto de vista, centrado en un puñado de obras prestigiosas cuya interpretación se inspiraba en los ideales subyacentes a la idea de *humanitas* que acuñó Cicerón, orientó durante un largo lapso la enseñanza de las humanidades. En la segunda mitad del siglo XX ese estilo dominante fue poco a poco socavado por un conjunto de teorías proclives al malentendido, como el psicoanálisis, el deconstructivismo o el multiculturalismo, que inclinaron a las humanidades hacia la idea de que no hay piso firme y que más bien la historia y la cultura son, según sugirió Nietzsche, un ejército móvil de metáforas.[9]

La principal manifestación de esos opuestos puntos de vista es posible encontrarla en, por decirlo así, la diversa forma en que conciben el significado de los textos. Durante largo tiempo fue incontestable la creencia de que el significado de los signos, como las palabras y las imágenes, no reside en los signos mismos sino en los objetos, ideas y acciones a los que se refieren y que representan. Una cosa era el *sentido*, aquello que se decía, y otra la *referencia*, aquello de lo cual lo primero se predicaba. Pero a ello se opuso un punto de vista distinto para el cual los signos no se refieren a entidades externas sino solo a otros signos. La «realidad» no sería lo que existe fuera de los sistemas significantes, sino lo que se constituye a través de ellos.

A esa concepción de los textos se agregó también una comprensión de la historia que se alejó de las viejas ideas del siglo XIX. Si entonces Leopold von Ranke quería describir las cosas «tal como sucedieron», hoy muchos piensan que eso ya no es posible. El historiador solo podría reconstruir lo que ocurrió a partir de lo que él mismo es hoy, de manera que la historia sería retrospectiva: una profecía al revés o una variante de la literatura.

---

[9]   Friedrich Nietzsche, *Sobre verdad y mentira en sentido extramoral*. Madrid: Tecnos, 1996, p. 25.

En esos puntos de vista hay distintas concepciones del lenguaje y la historicidad y lo que en ellas se discute es, a fin de cuentas, si acaso en la cultura subyace o no algo universal. ¿Qué es lo que se oculta en medio de la diversidad de costumbres y modos de escribir? ¿O no hay nada allí, salvo la muestra de cuán plástica es la existencia y las distintas maneras en que procuramos interpretarla?

En la forma de plantear esas preguntas, y en las respuestas que estas desatan, las humanidades muestran el valor que revisten para una cultura reflexiva y consciente de sí misma. Porque a fin de cuentas, lo que ellas enseñan radica en que la realidad es contingente —es de este modo pero podría ser de otro— y en que los seres humanos, como sugirieron Wilhelm Dilthey, José Ortega y Gasset o Martin Heidegger, no tiene naturaleza sino historia.

Y en esa historia, al vivirla, los seres humanos se configurarían a sí mismos o, lo que es equivalente, elaborarían el mundo que los cobija. Peter Sloterdijk ha empleado un poema de Rilke[10] para sugerir que ese es el rasgo más propio del individuo humano. Toda la historia de la cultura no sería más que ese esfuerzo del ser humano por autoeditarse mientras se aloja en el entorno y lo modifica hasta sentirse a sus anchas en él. Las humanidades pueden ser consideradas como la dimensión reflexiva de ese esfuerzo y por eso desprenderse de ellas, aminorarlas, reducirlas a erudición o alta cultura —todas estas alternativas se experimentan hoy en las universidades— equivale

[10]   Peter Sloterdijk, *Has de cambiar tu vida*. Valencia: Pre-Textos, 2012.

a abandonar el esfuerzo del ser humano por comprenderse a sí mismo.

Es verdad que hoy día entre los cultores de las humanidades abundan los discursos que se parecen peligrosamente a la charlatanería que denuncia Sokal o que siglos antes combatió san Agustín, académicos que parecen creer que, luego de la crítica de Derrida a la idea de significado trascendental, todo está permitido y que todo es literatura, o que sugieren, como consecuencia de los análisis de Foucault acerca de la formación histórica del sujeto, que todos los discursos son formas disfrazadas de poder, continuación de la política solo que por otros medios, de manera que estudiar humanidades o enseñarlas equivaldría a alistarse en un batallón y participar de una lucha.

Sin embargo, la mejor forma de evaluar esos puntos de vista, o discutirlos, es el propio cultivo de las humanidades y no, como a veces se sugiere, su abandono y menos su reemplazo por la simple racionalidad de la técnica. Después de todo, sin las habilidades de la lectura y de la escritura, sin las enseñanzas de la filosofía, la lingüística o la historia, inclusive sin apreciar cómo el diseño o la arquitectura modifican el espacio en torno, ¿cómo podríamos inmunizarnos contra la charlatanería que las simula o la prepotencia de la técnica que anhela desalojarlas y, en cambio, asomarnos a ese quehacer que nos constituye?

Es verdad que algunas de las teorías disponibles socavan lo que de forma tradicional se entendió por humanidades —el cultivo de un único canon donde estaba atrapado lo mejor de lo humano—, pero ello confirma, en vez de derogar, la importancia de ocuparse de ellas.

Aceptemos por un momento que la cultura humana ha descansado durante siglos en la creencia de que existe una realidad subyacente y fija, una presencia invariable que podemos atrapar mediante las palabras, una realidad que, una vez enjaulada en los signos que la describen, podríamos traer a nuestra presencia. Y aceptemos, además, que esa forma de describir la situación del discurso humano —que atravesaría lo que suele llamarse «historia de la metafísica»— se nos ha revelado como un error porque esa realidad subyacente y que trasciende a la palabra simplemente no existe o no está a nuestro alcance. Aceptemos, pues, una idea general como la que sugieren Jacques Derrida o Michel Foucault. Sin embargo, aun así, lo que debiéramos concluir es que la forma de relacionar lo visible con lo invisible —el viejo tema de la letra y el espíritu que menciona san Pablo en una de sus epístolas— sigue siendo una de las claves de la cultura y de la condición humana, uno de esos problemas aún irresolubles o imposibles que, como insistió Immanuel Kant, el ser humano no está en condiciones de abandonar. Y como la exploración de ese problema —aunque no su solución— se encuentra en las humanidades, no deberíamos tratarlas con desdén ni pretender despojarnos de ellas, porque si lo hiciéramos perderíamos una forma de comprender lo que somos.

En la *Crítica de la razón pura*, Kant imagina que la totalidad de lo que hoy llamaríamos cultura está compuesta por una isla de verdades rodeada de un mar borrascoso. Los habitantes de esa isla se internarían a veces hacia mar abierto en busca de verdades nuevas y, si bien suelen retornar con las manos vacías, no podrían evitar la creencia de que en la próxima incursión la empresa tendrá éxito. La totalidad de la cultura sería la suma de esa isla y el mar proceloso que la rodea, y las humanidades, el esfuerzo por embarcarse a mar abierto —a la *volta do mar*, según el navegante portugués que aconsejaba alejarse del mar en calma como única forma de descubrir tierras ignotas— para explorar los límites de la isla y trazar así la línea donde principia la oscuridad.

Hoy día, quienes —para continuar con la imagen de Kant— se sienten atraídos por las brumas y por el mar torrentoso que rodea la isla de la verdad son los que cultivan las humanidades en sus variadas formas, desde la crítica cultural a los estudios literarios. Si bien entre ellos suele haber rivalidades, comparten la misma preocupación intelectual: comprender la cultura, la forma en que se constituye el significado de que es portadora, las transformaciones que experimenta en el tiempo y la manera en que ese significado reobra sobre nosotros.

Así entonces vale la pena intentar describir los temas en los que las humanidades indagan. Esos temas son el lenguaje y la historia, y al ocuparse de ellos los seres humanos muestran que no pueden apartar la vista del muro donde principia la oscuridad. El problema del lenguaje resume la incógnita de los signos y las formas simbólicas; el de la historia, el misterio del tiempo y la memoria.

Ambas esferas constituyen la cultura y de estas, en sus diversas formas, se ocupan las humanidades.

Pero antes de asomarnos a esos problemas puede ser útil comenzar describiendo las dificultades más inmediatas a las que las humanidades deben hoy día hacer frente.

II
LOS DESAFÍOS QUE LAS HUMANIDADES DEBEN ENFRENTAR HOY

Uno de los rasgos que acompañan, desde sus mismos orígenes, al conjunto de disciplinas que hoy día reunimos bajo el nombre de humanidades, es aquel según el cual estas deben, cada cierto tiempo, justificar su propia existencia, darse a la tarea de explicitar los objetivos que persiguen y lo que con ellas se alcanza. Desde que aparecieron, hace cinco o seis siglos antes de Cristo con los primeros comentarios a los cantos homéricos,[1] transmitidos entonces por la memoria oral y creados y recreados por ella,[2] hasta hoy, cuando se deconstruyen textos o se los interpreta o se los registra o se los escribe, el quehacer de las humanidades ha estado acompañado por la sospecha de que tal vez son un puñado de ocupaciones inútiles. Incluso en su época más floreciente —el humanismo renacentista— Petrarca o Lorenzo Valla se vieron

---

[1]   Los cantos homéricos y no los cantos de Homero. Y es que la principal cuestión que plantean la *Ilíada* y la *Odisea* es concerniente a su autoría, a su composición y a la fecha en que habrían sido conocidas por primera vez. Véase al respecto: Gregory Nagy, *Homeric Questions*. Austin: University of Texas Press, 1996, pp. 65 y ss.

[2]   James Turner, *Philology. The Forgotten Origins of the Modern Humanities*. Princeton: Princeton University Press, 2014, pp. 7 y ss.

obligados a justificarse y a explicar el sentido de lo que cultivaban. Nunca en los tiempos de Homero o Virgilio —se queja el primero— se habló tanto de los poetas como se habla en esta época, aunque creo que en ningún otro lugar o tiempo hubo menos conocimiento del tema.[3]

En el amplio lapso que va desde *Las nubes*, un texto del siglo v escrito por Aristófanes, donde se ironiza acerca del sentido que posee el estudio de las letras, pasando por el *Fedro* de Platón, en el que se examina si la escritura es un remedio o un veneno, hasta las reflexiones de Auguste Comte en los inicios de las ciencias sociales, o a las de Rudolf Carnap o Moritz Schilck, quienes negaron que las humanidades profirieran un lenguaje significativo, se repite una y otra vez la desconfianza hacia las humanidades. En todos esos casos —en todo ese vasto arco que ni siquiera el Renacimiento interrumpió del todo— se ve en las humanidades un quehacer disolvente de las convicciones sobre el cual descansa la vida social o una suma de fantasías que nos distraen de la vida real. Basta recordarlas para advertir que las dudas que hoy día se ciernen sobre ellas no son del todo nuevas y que hacerles frente es una tarea que no se puede eludir.

Esa desconfianza hacia lo que pudiéramos denominar la utilidad de las humanidades es especialmente aguda hoy día. Hoy, en efecto, estas experimentan una especie

---

[3] Petrarca, «Carta a Francesco de los Santos Apóstoles», en: *Epistolario, op. cit.*, p. 1079.

de crisis silenciosa, soterrada, subterránea, que nunca se explica del todo, pero que circula, muda, en medio de los círculos culturales, incluso de los círculos culturales que cultivan las propias humanidades y que —de forma paradojal— desconfían de sí mismos. En todas esas partes se escucha la sospecha de que tal vez sería mejor dedicar recursos y esfuerzos a la ciencia, a la técnica, a las disciplinas STEM,[4] a lo que se llamó desde el XIX ciencias naturales, a la ingeniería o las matemáticas.

Esa impresión se ve reforzada hoy cuando la ciencia y la tecnología son capaces de proezas tan sorprendentes, de prodigios tan notables, que, a su lado, las humanidades parecen tareas pueriles. Incluso cultores de las mismas humanidades sugieren que estas últimas son del todo inútiles y reivindican para sí mismos y su quehacer un lugar suntuario en la cultura. Es el caso de Stanley Fish quien, puesto a reflexionar sobre qué hacen las humanidades, ha escrito que

> no hacen nada, si por «hacer» se entiende producir efectos en el mundo. Y si no producen efectos en el mundo, no pueden justificarse salvo en relación con el placer que proporcionan a quienes las disfrutan. A la pregunta «¿para qué sirven las humanidades?», la única respuesta honesta es para nada.[5]

---

[4]   Acrónimo del inglés: «Science, Technology, Engineering and Mathematics».

[5]   Stanley Fish, «Will the humanities save us?», *The New York Times*, 6 de enero de 2008.

Ese fenómeno que hoy día las humanidades experimentan no es, en modo alguno, ajeno a la institución universitaria. No es casualidad que lo que hoy llamamos humanidades se instalara en la que es quizá la primera universidad moderna bajo el título de filología en 1820, indicando lo que será la preocupación permanente de las humanidades y, en ellas, de la universidad: el sentido de los textos y el lugar que poseen en la condición humana. Por eso si estas pierden su sentido, o si la universidad las descuidara, es ella misma la que acabaría perjudicada porque el sentido de lo que llamamos universidad es, por supuesto, la afirmación de la ciencia y la tecnología; pero, al mismo tiempo, el análisis crítico de sus posibilidades. En su época Kant llamó «facultades superiores» a lo que hoy llamaríamos ciencia y tecnología, y dio el nombre de «facultades inferiores» a la filosofía, que es el quehacer reflexivo por excelencia. Y sugirió que quizá esta última es sirvienta de la primera; pero no porque sujete la cola de su manto, sino porque la precede con su antorcha.

Esa íntima vinculación entre el quehacer reflexivo que es propio de las humanidades y la universidad moderna es el que justifica que hoy sea tan importante examinar los desafíos que estas experimentan y los fundamentos de las dudas que se ciernen sobre ellas.

¿Cuáles son los desafíos que hoy experimentan las humanidades y de qué forma podría salirse al paso de estos y así resolverlos? ¿Cuál es el sentido que estas poseen? Esas son las preguntas que la universidad contemporánea no puede darse el lujo de eludir puesto que están en el centro de su mismo origen.

Comencemos por identificar los desafíos que hoy experimentan.

Cuatro son las circunstancias a las que las humanidades han de hacer frente. Revisarlas ayuda a encontrar el sentido que poseen y, a la vez, mostrar los temas de los cuales se ocupan.

El primero proviene de los prodigios de que son capaces la ciencia y la tecnología, que alcanzan incluso la proeza de imitar a la propia inteligencia humana, y frente a los cuales las humanidades, la historia, la filología, la gramática o incluso la filosofía palidecen o semejan quehaceres pueriles, distracciones que a veces aligeran la vida; pero que no resuelven en modo alguno los problemas que nos aquejan. Haciendo pie en esta circunstancia, suele abogarse en favor de las disciplinas STEM cuyas ventajas serían muy superiores a las que proveen las humanidades, lo que justificaría privilegiar la ciencia, la tecnología, la ingeniería y las matemáticas a la hora de asignar los recursos económicos e institucionales y dedicar nuestros esfuerzos. ¿Para qué jugar con papel —así llamó Robert L. Stevenson, en las horas de su anochecer, a su vocación literaria— cuando estas últimas disciplinas parecen más fructíferas que las primeras a la hora de proveernos bienestar?

La segunda circunstancia la constituye lo que pudiéramos llamar el cambio en la infraestructura de la comunicación humana. Este cambio gigantesco, solo comparable al que se experimentó alguna vez con la aparición de la imprenta —cuando se mediatizó por vez primera la cultura—, nos provee información a destajo y sin límites, de manera que lo que antes requería esfuerzo y dedicación paciente y un cultivo de lo que los clásicos llamaron el «arte de la memoria»,[6] hoy parece estar al alcance de un ordenador o un teléfono portátil que nos exonera de cualquier esfuerzo a la hora de obtener esta o aquella información. Este fenómeno no es solo de sobreabundancia, lo que ya sería suficiente para plantear el problema, sino que sobre todo parece diluir casi de manera definitiva lo que Kant llamó el «gran público de lectores», esa audiencia anónima pero única, inundada de racionalidad que constituyó lo que llamamos esfera pública moderna, para sustituirla, en cambio, por un archipiélago de receptores de mensajes, al extremo de que hoy día, para emplear la expresión de Stanley Fish —sobre el que más

---

[6]   Cuenta Cicerón que en un banquete el techo de la sala se desplomó, salvándose el poeta Simónides, que momentos antes había salido. ¿Cómo identificar los cadáveres deshechos por el derrumbe? Y relata Cicerón: «Se dice que Simónides había identificado a cada uno de los que había que enterrar por acordarse en qué lugar estaba recostado cada cual. Y que entonces, advertido de esta circunstancia, había descubierto que la posición de algo era lo que en particular iluminaba su recuerdo. Y en consecuencia, que quienes quisieran cultivar esta parcela del espíritu, deberían tomar esos lugares y, aquello que quisieran retener en la memoria, habían de modelarlo con la mente y colocarlo en dichos lugares; que así ocurriría que la secuencia de las posiciones recordaría la secuencia de las cosas, y por otra parte, que la figura denotaría las propias cosas y que utilizaríamos esos lugares como la cera, y las figurillas como las letras», en: Cicerón, *Sobre el orador*. Madrid: Gredos, 2012, p. 363. Véase también: Frances A. Yates, *El arte de la memoria*. Madrid: Siruela, 2011.

adelante volveremos—, no hay textos sino «comunidades de lectores» que se asoman a la pantalla no para inteligir o discernir, sino para confirmar sus propios prejuicios e identidades.

La tercera circunstancia que amenaza a las humanidades, y que debemos mencionar— aunque sea de manera breve—, es la idea de que el sujeto no existe, sino que en su lugar hay procesos de subjetivación, circunstancias variables que hacen surgir el individuo que somos y que influyen en lo que decimos o pensamos.

La cuarta, en fin, es quizá la más severa, porque proviene desde dentro de las mismas disciplinas y consiste en la desvalorización del acto de leer.

Todos esos problemas son desafíos que las humanidades enfrentan desde sus mismos inicios y que al mismo tiempo las configuran, como lo muestran los textos de Platón a propósito de la invención de la escritura, la primera gran transformación en la forma de la comunicación humana; la obra de J. G. Herder respecto del lenguaje como forma de identidad; la de Giambattista Vico en su *Ciencia nueva*, donde sugiere que solo podemos conocer con fidelidad lo que nosotros mismos hemos creado; o incluso antes la de san Agustín quien, en *Sobre la doctrina cristiana*, se ocupó en todos sus pormenores de la relación que había entre la forma en que el sujeto se constituye, que es siempre desde una particularidad, y la posibilidad de que se entendieran sujetos pertenecientes a culturas distintas, lo que, por su parte, demanda alguna forma de universalismo. Pero estos problemas que han ocupado desde siempre a las humanidades se presentan hoy como formas de derogar la racionalidad o incluso de cancelar la misma idea de sujeto, lo que plantea el problema —acerca del que han llamado la atención Jürgen Habermas o Slavoj Žižek— de cómo entonces, de qué forma y en conformidad a qué criterios, habría de efectuarse el análisis crítico en el que las humanidades se especializan.

Estas circunstancias son las que configuran los desafíos a los que las humanidades y la propia universidad que las cultiva deben hacer frente.

Considerar, aunque sea de forma breve, cada una de esas circunstancias para luego recordar el asunto que subyace a todas ellas es imprescindible para reivindicar el lugar que las humanidades poseen en la cultura.

LAS DISCIPLINAS STEM

Desde luego la propia distinción entre las disciplinas STEM y las humanidades, sobre las que se erige la superioridad de las primeras, es una distinción cultural que, como tal, depende en una medida importante de nuestra capacidad reflexiva. La distinción entre naturaleza y cultura, de la que la anterior distinción es de alguna manera heredera, es una distinción *interna* a la cultura humana y no una distinción objetiva que se le imponga. Los límites entre naturaleza y cultura y la forma en que estas orientan el quehacer humano son internos al sistema cultural y carecen de la objetividad que el positivismo que inspira a la tecnología pretende.[7] Hasta entrado el siglo xix, por ejemplo, se pensó que asuntos que hoy día están entregados al discernimiento humano y dependientes de sus expectativas, como la moral o incluso la economía, formaban parte de la naturaleza. En la medida que la distinción entre naturaleza y cultura es interna al sistema cultural, lo que descansa sobre esta no puede escapar a la reflexividad —y hasta cierto punto el relativismo— que es propia de las humanidades.

LA SOBREABUNDANCIA DE INFORMACIÓN

El cambio en la infraestructura de la comunicación humana, por su parte, a diferencia de la anterior circunstancia, en vez de deteriorar o disminuir la importancia y la necesidad de las humanidades, las incrementa en la medida que el problema en la actualidad no es el de allegar información, sino orientarse en medio de esta. Hoy

[7]   «En la modernidad temprana la distinción entre los productos del espíritu humano y los de la naturaleza no existía», véase: Fokko Jan Dijksterhuis, «The Mutual Making of Sciences and Humanities», en: Rens Bod, Jaap Maat *et al.*, *The Making of the Humanities*. Vol. II. Ámsterdam: Amsterdam University Press, 2012, p. 72. En la Edad Media, por su parte, hubo una interdependencia entre literatura y ciencia, uno de cuyos ejemplos es la *Cosmografía* de Bernardus Silvestris, una historia de la creación del mundo sobre la base de personificaciones alegóricas, resultando un modelo de orden universal donde se relaciona el micro y el macrocosmos. Véase: Brian Stock, *Myth and Science in the Twelfth Century. A Study of Bernard Silvester*. Nueva Jersey: Princeton University Press, 1972, pp. 14 y ss.

obtener información carece en la práctica de costo —salvo el uso alternativo del tiempo empleado en navegar en la red—, pero con ello se obtiene no una orientación de la conducta o un cierto tipo de conocimiento confiable, sino más bien una desorientación. Y es que la erudición, la acumulación de datos, fechas y nombres suele equivaler a una magnífica forma de ignorancia.

LA CRISIS DE LA NOCIÓN DE SUJETO

La desconfianza en el sujeto, por su parte —o, más bien, la sustitución del sujeto concebido como una conciencia transparente para sí por los procesos de subjetivación, es decir, por la suma de circunstancias que configurarían nuestra identidad hasta infiltrarse en nuestro discurso—, es quizá uno de los ámbitos que muestra mejor el tipo de problemas que aquejan a las humanidades pero que, al mismo tiempo, constituyen su quehacer más propio. Porque la crítica del sujeto, en vez de cancelar o derogar las humanidades como quehacer reflexivo, muestra cuán sutil y profundo puede ser el análisis de que ellas son capaces.

Judith Butler, una crítica del programa al que podría llamarse ilustrado, y también una crítica de la idea del sujeto como agente autónomo y dotado de lenguaje que le haría transparente la realidad, es una muestra de ello.

Una de las bases de la crítica a la idea de sujeto radica en que este sería el fruto de procesos de subjetivación embebidos de historicidad y, en consecuencia, de poder. Sin embargo —observa Butler—, hablar de la formación del sujeto supone aludir a algún antecedente a partir del cual este se configuraría. Como nadie puede surgir de la nada, es evidente que la subjetivación —los procesos culturales e históricos en medio de los cuales se forja el individuo humano— es el nombre de circunstancias anteriores al sujeto y que de alguna forma lo instituyen como tal. Así, cuando digo «yo» —yo creo, yo pienso, yo asevero, pienso que tal o cual cosa es así— me referiría no solo a mí sino también a cuanto me ha configurado, la cultura en la que crecí, las circunstancias que rodearon mi peripecia vital hasta llegar a ser lo que soy. No solo yo sería quien habla, sino el conjunto de circunstancias que están, por decirlo así, a mis espaldas. Tales circunstancias, que están envueltas en el uso del pronombre en primera persona, me acompañarían en todo lo que digo y serían, sin embargo, un punto ciego para mí. Todo esto no debería conducir, sin embargo, afirma Butler, a desacreditar sin más la afirmación de que hay deseos o acciones independientes.[8] Es cierto, observa, que cuando proferimos un enunciado que pretendemos racional, este va acompañado de circunstancias que no sabemos ni controlamos, pero en la medida que el mundo que nos constituye no es una serie compacta de circunstancias sino un ámbito conflictivo y a veces habitado por fuerzas contradictorias, posee intersticios en disputa. Y esa disputa la emprendemos

---

[8]   Judith Butler, *Los sentidos del sujeto*. Barcelona: Herder, 2016, p. 22.

desde lo que somos y con la razón que tenemos, que es la única disponible. Saber que hay elementos anteriores a nosotros que nos acompañan como una sombra no nos enmudece, ni nos anula como sujetos racionales, solo nos enseña algo que está en la tradición del ilustrado Kant: tenemos límites.

Si, en cambio, como a veces se malentiende, el sujeto fuera tan solo el resultado de fuerzas extrañas —si el sujeto se redujera de manera íntegra al proceso del que surge, el proceso de subjetivación—, entonces la crítica del mundo no tendría dónde afincarse ni dónde plantar sus pies, y el discurso carecería entonces de sentido.

Sobre un problema semejante a ese llama la atención Slavoj Žižek en su crítica a la noción historicista de sujeto,[9] cuyo paradigma, en su opinión, sería Michel Foucault. En vez de un mosaico de factores y circunstancias, ha de haber —arguye— un momento preontológico desde el que se erige la crítica y a partir del cual todo orden y toda identidad se muestran incompletos. No es que el sujeto cartesiano —como el «yo» de la apercepción trascendental de Kant—[10] no exista: es que en él se revela una incompletitud que es imposible de colmar y a la luz de la cual toda realidad resulta insuficiente. Pero, al igual

---

[9]   Slavoj Žižek, *El espinoso sujeto. El centro ausente de la ontología política*. Barcelona: Paidós, 2001.

[10]   Kant sugiere que solo accedemos a los fenómenos, nunca a la cosa en sí. Entonces, ¿el yo que soy es apenas un fenómeno de cuya realidad en sí no puedo cerciorarme? Ese es el conocido problema de la apercepción trascendental.

que en el caso de Butler, ¿acaso no es el sujeto quien detecta su propia herida al auscultarse?

Lo que muestra ese análisis es que la crítica del sujeto cartesiano —el individuo racional, dueño de sí mismo— no cancela la razón sino que es una muestra flagrante de la radicalidad que ella puede alcanzar.

LA DESVALORIZACIÓN DEL ACTO DE LEER

La cuarta circunstancia que anotábamos, y en la que quizá debamos detenernos un poco más, es la desvalorización no de los textos, sino del acto de leerlos.

No se trata, como suele hoy decirse, de que el uso de las redes y de las pantallas haya alejado a las personas, en especial a las nuevas generaciones, del interés por leer, inoculándoles una especie de flojera a la hora de descifrar textos. Hay algo de eso, por supuesto; pero el problema es más grave porque se ha expandido la idea de que leer no consiste en inteligir o desentrañar un sentido de un texto, sino que consistiría en *atribuirle uno*. Y tal atribución, para mayores señas, no sería un quehacer individual, sino colectivo y se relacionaría con la identidad o la pertenencia de quien lee. Así, ¡no habría textos sino comunidades interpretativas!

Se trata de una idea que tiene múltiples versiones y que conviene desentrañar porque al inteligirla aparece uno de los sentidos más profundos del quehacer de las humanidades.

Uno de los acontecimientos a los que la universidad —y todas las formas de instrucción que la precedieron— se encuentra atada es a la escritura y a los textos. Buena parte de las disciplinas universitarias, y el propio *ethos* académico, está atado a lo que pudiéramos llamar el quehacer filológico en el sentido etimológico de esta última: la preocupación por desentrañar lo que los textos dicen. Lo que se oculta en el lenguaje y en el discurso en sus variadas manifestaciones está en la base de las disciplinas humanísticas, pero también en el centro de cualquier vocación intelectual. La sospecha de que tras el lenguaje y los textos hay algo que vale la pena desentrañar es de los acontecimientos más antiguos y fructíferos que es posible imaginar desde que los griegos, nada menos, leían o escuchaban los textos homéricos, con la misma devoción que un creyente lee la Biblia o un astrónomo escruta hoy los signos en una pantalla para develar el origen del universo, con la convicción de que esos textos ocultaban algo que, de lograr desentrañarlo, disiparía una sombra. Pero esa convicción que anima la investigación filológica desde antiguo y que originará las humanidades —y más tarde las ciencias sociales—, según la cual los textos decían algo que ignorábamos, desaparece, para ser sustituida por la idea de que los textos, en realidad, no existen y no son más que ocasiones para que se expresen las ideas, los prejuicios o la identidad de quien los lee. Si el acto de leer ya no equivale a inteligir o desentrañar, sino que consiste en atribuir un sentido o significado, entonces el acto de leer que ha estado en la base de la institución universitaria y del lugar que las humanidades poseen desaparece —y con ella una parte de su espíritu originario—.

Para ejemplificar esa transformación del acto de leer y examinar las vicisitudes que ha experimentado la manera de comprenderlo —vicisitudes que son propias del quehacer de las humanidades— vale la pena considerar dos casos extremos cercanos y suficientemente conocidos: uno de ellos es el de la *Enciclopedia*, la famosa obra de, entre otros, D'Alembert y Diderot; el otro es un texto de amplia influencia en ciertos círculos del análisis cultural contemporáneo: el punto de vista de Stanley Fish.

La *Enciclopedia* fue una obra que tuvo por objeto recoger y clasificar la totalidad del saber de su tiempo, fijándolo por escrito, para que así pudiera ser transmitido y corregido por la posteridad. Con ese texto a su disposición, las futuras comunidades de lectores, pensaron D'Alembert y Diderot, podrían enterarse de cuanto se sabía en casi todas las esferas del quehacer humano, qué era correcto y qué no, y así podrían mejorarlo. Si todo el árbol del conocimiento, sugería D'Alembert en el *Discurso Preliminar*, parte de un mismo tronco —el entendimiento humano—, entonces es evidente que un texto podría recoger cada una de sus ramas y ellas, por esa vía, ponerse a disposición de los futuros lectores, quienes al compartir esa forma de entendimiento podrían, sin graves problemas, acceder a él. La comprensión de esos textos, pensaron, ayudaría a esparcir el conocimiento y espantar las sombras de la ignorancia.

Aparentemente los textos son portadores de un significado que el lector logra inteligir y descifrar. Leer consistiría así en decodificar el contenido que el texto alberga. Este, para decirlo de otra forma, sería un conjunto de signos que, ordenados en base a un cierto código, contiene y aloja un significado. Leer consistiría, por tanto, en manejar el código en el que un texto fue escrito y echando mano a este es posible develar o despertar el significado del que es portador.

Las cosas no serían, sin embargo, tan sencillas.

Un punto de vista muy distinto al de los autores de la *Enciclopedia* es el de Stanley Fish, quien no solo, como acabamos de ver, afirma la inutilidad de las humanidades, sino también la futilidad del acto de leer y de la teoría acerca de cómo hacerlo. Fish ha sugerido que si miramos con cuidado, advertiremos que los textos en realidad no existen, puesto que lo que lleva ese nombre —como cuando decimos «tal libro dice tal cosa»— es en realidad el resultado de una interpretación. Leer equivaldría a elaborar una interpretación, de manera que cuando un texto es estable y creemos que dice esto o aquello y esa creencia es compartida, en realidad eso es prueba no de que el texto tiene un único significado, sino que acredita un consenso, prueba de que pertenecemos a una cierta comunidad interpretativa. Todo texto ocultaría las condiciones bajo las cuales es producido y se ofrecería a la interpretación.

Una teoría que pretenda sentar las bases de una interpretación correcta nunca tendrá éxito porque los datos primarios y las leyes formales necesarias para su éxito siempre serán espiados o elegidos dentro de las circunstancias contextuales de las que, se supone, son independientes. Los hechos objetivos y las reglas de cálculo que deben fundamentar la interpretación y convertirla en un principio son en sí mismos productos interpretativos: por tanto, siempre están contaminados por los juicios interesados que pretenden trascender.[11]

Es difícil no advertir las consecuencias de ese punto de vista según el cual los textos nos dicen poco o nada, tratándose, en realidad, de pretextos para que, mediante nosotros, hablen las circunstancias.

En uno de los textos que más influyeron en las décadas de los sesenta y setenta —*¿Qué es la literatura?*—, Jean-Paul Sartre afirmaba que el texto escrito era «un trompo extraño que no existe sino en movimiento».[12] Lo

---

[11]   Stanley Fish, «Consequences», *Critical Inquiry*, vol. 11, núm. 3, 1985, p. 437.

[12]   «El objeto literario es un trompo extraño que solo existe en movimiento. Para que surja hace falta un acto concreto que se denomina la lectura y, por otro lado, solo dura lo que la lectura dure. Fuera de esto, no hay más que trazos negros sobre el papel. Ahora bien, el escritor no puede leer lo que escribe, mientras que el zapatero puede usar los zapatos que acaba de hacer si son de su número, y el arquitecto puede vivir en la casa que ha construido. Al leer, se prevé, se está a la espera. Se prevé el final de la frase, la frase siguiente, la siguiente página; se espera que se confirmen o se desmientan las previsiones; la lectura se compone de una multitud de hipótesis, de sueños, y despertares, de esperanzas y decepciones; los lectores se hallan siempre más delante de la frase que lee, en un provenir solamente probable que se derrumba en parte y se consolida en otra parte a medida que se avanza, en un porvenir que retrocede de página a página y forma el horizonte móvil del objeto literario», en: Jean-Paul Sartre, *¿Qué es la literatura?* Buenos Aires: Losada, p. 74.

que él quería decir era que un libro, un ensayo, un cuento, era un objeto hasta cierto punto inerte porque era el lector —explicaba Sartre— quien lo despertaba y quien, al prestarle sus sueños y sus pesadillas, lo dotaba de sentido. Es famosa su explicación de la lectura de Dostoievski: el lector le presta sus propios miedos a Raskólnikov quien, de esa manera, se ve animado no por la culpa que soñó Dostoievski, sino por la culpa y el miedo de quien, al pasar las páginas, va animándolo. Hasta cierto punto, entonces, sugirió Sartre, entre el acto de leer y el de escribir no hay una diferencia demasiado profunda puesto que sin lectura el texto no solo está quieto, sino que carece, en rigor, de todo significado.

Se sumaba a lo anterior —decía Sartre— el hecho de que, si bien el escritor escribe para todos quienes puedan leer, él, sin embargo, no puede escapar de la historicidad que lo constituye y lo cerca. Se escribe para un público universal, pero esa pretensión es imposible porque, después de todo, el escritor se encuentra cercado por los temas y las urgencias de su época, las mismas que aquejan y constituyen a sus lectores inmediatos, quienes así, como el lector de Dostoievski, al leer, impregnan al texto de esa historicidad que, como una sombra de la que no pudiéramos saltar, nos acompaña siempre.

Con esas observaciones, que en cualquier caso también era posible encontrar en la tradición hermenéutica, por ejemplo en J. G. Hamann o en la obra de Wilhelm Dilthey, Sartre planteaba un problema que se encuentra hoy día en la base del posmodernismo en el que muchos creen encontrar una prueba de la inutilidad de las humanidades: si el texto está entregado a un público lector cercado por la historicidad que lo constituye y si esta historicidad impregna a la lectura y a las interpretaciones que ella origina, de un sentido o significado que en otro horizonte histórico sería distinto, ¿en qué consiste entonces un texto? Si, como esas ideas insinúan, distintos contextos históricos pueden conducir a diferencias interpretativas radicales de un mismo texto, entonces, ¿no será acaso lo que llamamos texto un simple pretexto para que cada grupo cercado por su horizonte histórico asigne a este el significado que sus valoraciones y prejuicios, sin saberlo, le indiquen?

Ese tipo de preguntas y de problemas —todos, como es posible apreciar, relativos a comprender un texto o un lenguaje— no son una razón para descreer de las humanidades, sino para confiar en ellas, puesto que se encuentran también en disciplinas menos humanísticas e incluso en áreas del trabajo intelectual en las que el común de las gentes suele cifrar sus esperanzas de certeza. ¿Habrá algo en lo que confiemos más, por ejemplo, que la ciencia —en especial la ciencia física—, el paradigma de todo saber posible? Pero así y todo, la ciencia física, y los textos que la contienen, para ser más preciso, muestran las mismas vacilaciones que, según hemos visto, aquejan a casi todas las disciplinas humanísticas cuando se acercan a los textos.

Algunos filósofos e historiadores de la ciencia, aunque suene sorprendente, han contribuido también con su parte a esta tendencia a relativizar la objetividad de los textos. El más famoso de todos ha sido Thomas Kuhn, quien sostuvo que la ciencia estaba constituida por paradigmas, y aunque él nunca fue muy explícito en decir qué era exactamente un «paradigma», la lectura convencional afirmó que este consistía en un puñado de creencias, prejuicios y puntos de vista sobreentendidos, que compartían a pie juntillas un conjunto de personas que cultivaban una misma disciplina y que los alejaban de aquellos que no la compartían.[13] Kuhn llegó a afirmar —aunque después pareció desdecirse— que la ciencia avanzaba de forma exclusiva a punta de revoluciones o de cambios bruscos de paradigma, y no, en cambio, como sugería la sabiduría más o menos convencional, de manera incremental, en un continuo donde cada partícipe del esfuerzo que llamamos ciencia aportaba un poco que, traspasado a la generación siguiente, hacía un montón. Lo más importante del punto de vista de Kuhn, tal como fue leído en los departamentos de humanidades de casi

---

[13] Observaremos, por ejemplo, en la sección II que las primeras etapas del desarrollo de la mayoría de las ciencias se han caracterizado por una competencia continua entre una serie de visiones distintas de la naturaleza, cada una de ellas derivada en parte de los dictados de la observación y el método científicos, y todas ellas en líneas generales compatibles con ellos. Lo que diferenciaba a estas distintas escuelas no era uno u otro fallo del método —todas eran «científicas»—, sino lo que llamaremos sus formas inconmensurables de ver el mundo y de practicar la ciencia en él. La observación y la experiencia pueden y deben restringir drásticamente el alcance de las creencias científicas admisibles, pues de lo contrario no habría ciencia. Véase: Thomas Kuhn, *The Structure of Scientific Revolutions*. Chicago: University of Chicago, 1962, p. 4.

todo el mundo, fue su afirmación de que los respectivos paradigmas eran, como explicó, inconmensurables unos respecto de otros. Los proponentes de paradigmas rivales —dijo en uno de sus textos— practican sus respectivos oficios en mundos diferentes, y como ejercen su quehacer en mundos diferentes, los dos grupos de científicos ven distintas cosas aunque miren desde el mismo punto y en la misma dirección.

Esas afirmaciones de Kuhn son, sin ninguna exageración, tremendas puesto que, en buenas cuentas, afirman que la comparación entre teorías o paradigmas —o formas de leer o interpretar, podríamos agregar— no es simplemente posible. Si cada uno está preso de un paradigma que es inconmensurable con respecto de cualesquier otro y si los miembros de distintos paradigmas ven cosas distintas incluso cuando miran en la misma dirección, entonces, ¿cómo podemos saber qué punto de vista y qué lectura es mejor o peor que la otra? Si toda realidad —explica en medio de esta polémica John Searle—[14] es de cualquier modo un texto forjado a partir de un paradigma, entonces, como dijo Nietzsche, «no hay hechos, solo interpretaciones», y lo que hace a una interpretación mejor que otra no es que una sea verdadera y la otra falsa, sino algún otro tipo de criterio como el interés, el poder o, como ocurre con el fenómeno del *best seller*, su nivel de circulación o de consumo.

---

[14]   John Searle, «Rationality and Realism. What Is at Stake?», *Daedalus*, vol. 122, núm. 4, 1993, pp. 55-83.

Este conjunto de ideas —cuya versión simplificada, que es la que he expuesto, es hoy día muy popular— posee consecuencias políticas e institucionales de importancia. Después de todo, cómo concibamos el acto de leer es también una forma de concebir la convivencia, de manera que, sin exagerar, la reflexión sobre este tipo de cuestiones que es propia de las humanidades posee un sentido —por decirlo así— político.

Uno de los rasgos más acusados del mundo contemporáneo es la diversidad, lo que pudiéramos llamar la proliferación de formas y de modos de vida. Al revés de lo que ocurrió a inicios de la modernidad, cuando desde el Estado y desde la escuela se intentó homogeneizar la cultura apagando, a veces de manera cruel, sus expresiones más idiosincrásicas para uniformarlas en torno a los grandes ideales de la sociedad nacional, hoy día la diversidad se alienta y se estimula como una expresión natural de la autonomía y de la libertad de los seres humanos. En vez de hacer esfuerzos por uniformar un modo de ver las cosas, las sociedades toleran y estimulan que cada uno procure ser fiel a sí mismo, a su origen, a su etnia, a su religión e incluso a su orientación sexual. Una de las manifestaciones más intensas e interesantes del fenómeno que menciono es el multiculturalismo, la idea de que cada individuo se encuentra atado a una cierta cultura cuyos signos identitarios y cuyas creencias debiéramos respetar a ultranza.

Pues bien, basta relacionar las concepciones del acto de leer que hemos venido realizando —el acto de leer como una interpretación que se forja al interior de un paradigma que es inconmensurable con respecto a cualquier otro— para darse cuenta de las consecuencias que esas concepciones producen en el ámbito público. ¿Acaso muchas formas de la racionalidad contemporánea, como a veces se ha sugerido, no serían más que imposiciones etnocéntricas de una cultura respecto de la otra? ¿No será entonces que ciertos libros que tenemos por mejores que otros —los grandes libros, por decirlo así, de la cultura occidental— equivalen a formas encubiertas de dominación cultural, nada más que ciertas formas de leer, y que han logrado imponerse unas sobre otras? Si, como hemos visto, los textos son mudos hasta que un lector los despierta y si este lector depende de un horizonte del que no puede escapar, ¿cómo entonces podríamos decir que hay textos mejores que otros, novelas, cuentos y ensayos que merecen ser leídos y otros que, en cambio, no?

Por suerte, en las mismas disciplinas que, como hemos visto, relativizan el acto de leer hasta casi transformarlo en una mera asignación de sentido, han surgido voces que si no retoman los ideales de la *Enciclopedia*, tienden a hacerlos más plausibles de lo que creíamos.

Un breve vistazo a la filosofía de la ciencia ayuda a entenderlo.

En 1962 Thomas Kuhn describió el concepto de revolución científica como un desplazamiento o un cambio «de la red conceptual a través de la cual los científicos ven el mundo». Como consecuencia de eso, y como ya vimos, una tradición científica era incompatible e inconmensurable con otra.[15] Es fácil ver aquí el mismo relativismo que, según acabamos de describir, acecha el acto de leer: frente a un mismo problema dos comunidades científicas verían cosas distintas, o, lo que es lo mismo, a partir de redes conceptuales distintas los científicos verían mundos distintos.[16] Ese punto de vista elaborado por Kuhn ha sido poco a poco sustituido, en las obras de Hasok Chang, Peter F. Strawson o Roberto Torretti, por una imagen distinta. Chang sugiere distinguir entre los conceptos que usamos para referirnos a las cosas, por una parte, y la metodología que empleamos para investigarlas, por la otra. Su tesis es que las metodologías pueden ser inconmensurables e incomparables unas con otras, pero no los conceptos que usamos.[17] Strawson indica que en la periferia del conocimiento especializado los conceptos cambian, pero que gran parte de los que empleamos «no tienen historia».[18] Desde el punto de vista semántico usaríamos conceptos compatibles. De este modo, cada paradigma no estaría encerrado en sí mismo sino que podría comunicarse con los demás. Ello ocurriría, dice Roberto Torretti, gracias a la arena movediza del lenguaje humano:

---

[15]   Thomas Kuhn, *The Structure of Scientific Revolution*, *op. cit.*, pp. 103 y 112.

[16]   Ibídem, p. 110.

[17]   «Inconmensurability: revisiting the chemical revolution», en: Vasso Kindi *et al.* *Kuhn's «The Structure of Scientific Revolution» Revisited.* Nueva York: Routledge, 2012, pp. 153-154.

[18]   P. F. Strawson, *Individuals. An Essay on Descriptive Metaphysics.* Londres: University Paperbacks, 1971, p. 10.

Como el Sócrates platónico se complacía en mostrar, el discurso ordinario ni siquiera tiene claro lo que significa él mismo. Pero provee un terreno común que las diferentes teorías pueden concebir aproximadamente, de suerte que, no obstante su diversidad conceptual, efectivamente traten en cierto modo de «las mismas cosas».[19]

Los textos y los conceptos, enseñan estos puntos de vista, siguen teniendo un valor común para todos quienes participan del entendimiento humano, aunque lo hagan desde culturas distintas. Incluso la filosofía del lenguaje —que, como hemos visto, tanto contribuyó a radicalizar la comprensión relativista del acto de leer— ha mostrado de qué modo la cultura humana se parece no a un conjunto de ciudadelas incomunicadas unas con otras, cada una hablando algo distinto, sino, para usar una imagen de Ludwig Wittgenstein, a una ciudad vieja con calles nuevas donde cada barrio, por decirlo así, tiene su idiosincrasia y su fisonomía, pero que además tiene algunas cosas en común con otros sitios que los hacen ser, a todos, parte de la misma ciudad.

La cultura humana no se parece del todo al mundo que soñaron Borges en «Tlön, Uqbar, Orbis Tertius» o Bolaño en *La literatura nazi en América* —una realidad modelada por la imaginación de la lectura—; pero tampoco se parece a ese libro abierto para todos que soñaron

---

[19]   Roberto Torretti, *Inventar para entender*. Santiago: Ediciones UDP, 2012, p. 328.

D'Alembert o Diderot. En el mundo de hoy el acto de leer consiste en un esfuerzo permanente por abrirse paso a lo que pensaron otros como única forma de alcanzar, de forma paradojal, la propia identidad. Y el único camino para alcanzarla es el de enseñar una y otra vez, con porfía incansable, a las nuevas generaciones, a manejarse con habilidad en la arena movediza del lenguaje humano. Y esa es, bien mirada, la tarea de las humanidades.

LA TAREA DE LAS HUMANIDADES

Ahora bien, para que las humanidades estén a la altura de esos desafíos, no hay camino más fructífero que recordar el asunto del que ellas se ocupan, el empeño intelectual en el que se ejercitan, el problema que finalmente las hechiza y en el que, por decirlo así, reconocerían su oficio sin sorpresa alguna un griego del siglo IV preocupado de dilucidar la versión correcta de un poema de Homero, un profesor de literatura de una universidad contemporánea que enseña *De la gramatología* de Jacques Derrida, un historiador empeñado en develar lo que se oculta en la historia oficial con que se constituyó el Estado nacional o un arquitecto intrigado por esta o aquella forma en que un monumento organiza el espacio en derredor.

¿Cuál es ese problema que imanta por igual la atención de todos ellos? ¿Qué tiene en común un romano de la época de Cicerón con Lorenzo Valla en el siglo XV, o este último con un profesor de estudios culturales?

¿Qué vincula a Quintiliano con un profesor de teología de esta época?

Lo que tienen en común y que, en mi opinión, caracteriza a las humanidades, no obstante la profusión disciplinaria que su historia exhibe —y que, según las tradiciones, va desde las «ciencias del espíritu» a lo que alguna vez se llamó «ciencias ideográficas»— es que todas ellas se ocupan de lo que pudiéramos llamar el «misterio del lenguaje» en un sentido amplio, por una parte, y el «misterio del pasado», por la otra. Todas ellas se ocupan de dar sentido a los textos y a los despojos del tiempo, tanto a aquello que en el siglo XVII se llamó el «libro de la naturaleza», según emplea la frase Galileo,[20] como lo que desde antiguo se conoce como el libro sagrado de las Escrituras. En una palabra, todas esas disciplinas se ocupan, cada una a su modo, de desentrañar la red de significados en que se envuelve la condición humana; el mundo tal como se nos aparece cuando nos asomamos a él en actitud natural hasta que, de pronto, nos sorprende, y advertimos que estamos rodeados de cosas que señalan algo distinto de sí mismas, cosas que se estiran para

---

[20] «La filosofía está escrita en ese grandísimo libro que tenemos abierto ante los ojos, quiero decir, el universo, pero no se puede entender si antes no se aprende a entender la lengua, a conocer los caracteres en los que está escrito. Está escrito en lengua matemática y sus caracteres son triángulos, círculos y otras figuras geométricas sin las cuales es imposible entender ni una palabra; sin ellos es como girar vanamente en un oscuro laberinto», en: Galileo Galilei, *El ensayador*. Buenos Aires: Aguilar, 1981, p. 63. Véase también: Fokko Jan Dijksterhuis, *The Mutual Making of Sciences and Humanities*, *op. cit.*, p. 83.

indicarnos otra cosa que ni vemos ni tocamos, pero que procuramos inteligir. El mundo está constituido por representaciones o, si se prefiere, es una continua producción de significados. Miramos un edificio y no vemos un inmueble sino una universidad; leemos una escritura que oculta otra y al leerla buscamos un original que no llega nunca; nos detenemos en un espacio que por alguna razón detiene el tiempo, una iglesia, al lado de otro espacio, un mercado, que lo acelera, y así, los ejemplos podrían seguir. Peter Sloterdijk llama artefactos inmunitarios[21] a esas creaciones con que disminuimos la contingencia, asignamos sentido al espacio y espantamos los peligros que nos agobian, y estos artefactos, bien mirados, no son más que significados, de modo que construirlos e intentar develar lo que ocultan para así averiguar lo que somos y cómo podríamos ser mejores es la tarea de las humanidades. Esto mismo es lo que arguye Cicerón en su defensa del poeta Arquías —un texto descubierto por Petrarca, como recordábamos— cuando, puesto en la necesidad de justificar la retórica y las letras, observa que una naturaleza instruida por ellas hace brotar en nosotros algo inédito y mejor,[22] permite —sugirió— que brote la *humanitas*,

---

[21] Peter Sloterdijk, *Has de cambiar tu vida*, *op. cit.*, pp. 21-22.

[22] «¿Qué? ¿Acaso esos grandes hombres, cuyas virtudes se revelan por escrito, eran eruditos en esa doctrina que ensalzas con tanto elogio? Es difícil confirmar esto, pero sin duda tengo algo que responder. Admito que muchos hombres han sido de mente y virtud excelentes, y que sin aprender la naturaleza misma, han vivido con un hábito casi divino, moderado y serio a la vez. Añado también que la naturaleza sin instrucción ha sido a menudo más eficaz en la alabanza y

lo que un griego llamaría *eudaimonia*, el despliegue de la condición humana; y es, desde luego, esto mismo lo que dos siglos después subraya Aulo Gelio, el autor de *Noches Áticas*, cuando afirma que lo que hoy llamamos humanidades es la vieja *paideia*, que no es otra cosa que la enseñanza que recibe un ser humano acerca de cómo estar a la altura de sí mismo:

> Quienes acuñaron términos latinos y los utilizaron correctamente no pretendieron dar a *humanitas* el significado que la gente piensa —lo que los griegos dicen, filantropía que significa cierta cordialidad y benevolencia hacia todos sin distinción—, sino que llamaron *humanitas* más o menos a lo que los griegos denominan *paideia* y nosotros educación e instrucción en las bellas artes. Quienes de verdad las ansían y las buscan, esos son los más humanos. Y es que, de todos los seres vivos, solo al hombre le ha sido otorgado el interés y el cultivo de tales artes, motivo por el que se forjó el término de *humanitas*.[23]

Por eso, incluso cuando la rodean las cuatro circunstancias que he mencionado al inicio —los prodigios de la técnica, el cambio en la infraestructura de la comunicación que transforma la información en un bien sobreabundante, el

---

la virtud que la instrucción sin naturaleza. Y sostengo también que cuando a una naturaleza excepcional se le añade cierta razón y la enseñanza de las letras, entonces algo preclaro y único suele surgir». *Oratio Pro Archia Poeta*, *op. cit.*, VII, 15.

[23] Ibídem, XIII, 16.

malentendido acerca de la lectura y la desconfianza de las humanidades en su propio quehacer, algo alentado por la diversidad humana cada vez más flagrante—, las humanidades, en vez de perder su sentido, se revelan más urgentes y necesarias que nunca.

Y es que, en efecto, su quehacer más propio, aquel que desde sus mismos orígenes no es otro que dilucidar qué texto era el verídico o el original, por ejemplo, entre las varias versiones disponibles de la *Ilíada* o la *Odisea*, sigue siendo válido hoy cuando nos asomamos al océano de información, el que en vez de instruirnos o informarnos parece empeñado en desorientarnos y hacernos naufragar. La multiplicidad de los textos y de sus soportes, en vez de excusar el quehacer de las humanidades, las reclama. Y lo mismo habría que decir de las supuestas ventajas de la técnica y la ciencia sobre las humanidades, porque la técnica sabe cómo, pero no sabe el por qué, como bien observó Aristóteles.

Hoy día es habitual defender las humanidades —es el caso, por ejemplo, de la conocida obra de Martha Nussbaum—[24] por los servicios que presta a una ciudadanía democrática, en la medida que la enseñanza de las humanidades, como ella explica, nos permitiría mirar de forma reflexiva la tradición a la que pertenecemos, imaginar las vidas y el sufrimiento ajeno y asomarnos a una ciudadanía moral cosmopolita. En otras palabras, las humanidades

---

[24]   Martha Nussbaum, *Sin fines de lucro, op. cit.*; también: *Cultivando la humanidad, op. cit.*

—según Nussbaum— permitirían liberarnos de la cultura a la que pertenecemos, evitando que nuestro origen determine nuestro discurso. Así, podríamos asomarnos a otros mundos distintos de aquel en el que se configuró en un principio nuestro yo, nuestra identidad. Las humanidades evitarían el relativismo —es decir, que nuestros puntos de vista sean inevitablemente dependientes del contexto al que pertenecemos—, haciendo posible una perspectiva universalista.

Todo eso es, por supuesto, cierto y estimable, pero hay una dimensión de las humanidades que es más relevante que todo eso y de donde deriva su verdadera y más radical importancia, una que debiéramos subrayar: la forma de concebir el mundo depende de la relación que somos capaces de establecer entre lo visible y lo invisible.

En efecto, uno de los más viejos problemas de las humanidades que se origina en un famoso texto de san Pablo dirigido a los Corintios,[25] que intrigó luego al jurista Paulo y que siguió siendo motivo de intriga hasta Freud o Derrida, es este: si la letra, el símbolo, el edificio, esa música, ese documento, es visible o audible, ¿hay detrás de ella algo que la letra señala y que nos importaría conocer o detrás de ella no hay nada? Este problema, el de controlar la relación entre lo visible y lo invisible —entre el tiempo que vivimos y el que recordamos, entre la escritura que leemos y lo que ella oculta, entre el símbolo y aquello a lo que él alude—, es el que está en la base de

---

[25] 2 Corintios 3:6.

todas las culturas, incluida la modernidad, y por eso si la universidad quiere seguir siendo una empresa cultural no puede, ni siquiera por un momento, abandonarlo.

Pero ¿en qué consiste exactamente esa relación entre lo visible y lo invisible que estaría en la base de la cultura?

III

LA TAREA DE LAS HUMANIDADES: INDAGAR EN LA RELACIÓN ENTRE LO VISIBLE Y LO INVISIBLE

Carlo Ginzburg observa en uno de sus ensayos que una de las ventajas tecnológicas más relevantes —así la llama él, «ventaja tecnológica»— es la capacidad de controlar la relación entre lo visible y lo invisible, entre la realidad y la ficción:

> En el patrimonio tecnológico que permitió a los europeos conquistar el mundo figuraba, además, la capacidad, acumulada con el paso de los siglos, de controlar la relación entre visible e invisible, entre realidad y ficción.[1]

El comentario, hecho casi al pasar, está incluido en un texto donde examina la situación del mito y los análisis de los términos no referenciales. Vale la pena detenerse en esto. Un término no referencial es un nombre indefinido de algo que no existe, como —por ejemplo— unicornio. Esos términos han llamado desde antiguo la atención de los seres humanos y los primeros análisis acerca de ellos

---

[1]   «Mito. Distancia y mentira», en: Carlo Ginzburg, *Ojazos de madera. Nueve reflexiones sobre la distancia.* Barcelona: Planeta, 2000, p. 57.

se pueden encontrar en Aristóteles y, a partir de allí, en numerosos comentarios que la obra del filósofo ha suscitado. El ejemplo de Aristóteles es «hircocervo». Ese término, observa, no es ni verdadero ni falso y, sin embargo, es significativo.[2] Bertrand Russell da otro ejemplo famoso con el enunciado «el actual rey de Francia es calvo». El enunciado es perfectamente comprensible y sin embargo no es posible, al menos en un primer examen, decir de él que es verdadero o que es falso.[3] Pero ¿cómo podríamos hablar con sentido de cosas que no existen? «Hablo de cosas que existen, Dios me libre de inventar cosas cuando estoy cantando», escribía Neruda en una de sus «Residencias».

La observación de Ginzburg se refiere a la forma según la cual en el lenguaje pasamos de la «realidad real», por llamarla así, al mundo ficticio; pero hay otra dimensión que, apenas sugerida por Ginzburg, es aún más relevante, y es *el problema de la ficción como parte de la realidad o como una parte constitutiva de la condición humana.*

Si bien existen diferencias técnicas entre la fantasía y la ficción, lo que ambas tienen en común es que estas, como en el ejemplo de Aristóteles del «hircocervo», se

---

[2] Aristóteles, *De la interpretación*, I, 16-16a.
[3] Bertrand Russell en «On Denoting» (*Mind*, vol. 14, núm. 56, 1905, pp. 479-493) resolvió el problema analizando el término como una descripción definida (hay un x tal que x es rey de Francia y es calvo y cualquier y tal que y es rey de Francia es y=x, que se leería intuitivamente como hay alguien que es rey de Francia y es calvo y cualquier individuo que sea rey de Francia es calvo), pero podemos por ahora dejar de lado el asunto técnico.

refieren a la esfera de lo que pudiéramos llamar invisible, lo que no nos consta. El pasado que atesoramos en la memoria, lo que Freud llama la novela familiar del neurótico, el empleo de modelos en la investigación científica o el mundo trascendente que se aloja en todas las culturas, muestran que el individuo humano no puede evitar estirarse más allá de sí mismo y del mundo en torno, hasta de alguna forma trascenderlo. Ortega y Gasset subrayó ese aspecto de lo humano al sostener que:

> el hombre se caracteriza por la [ubérrima] abundancia de su fantasía, que es, si se quiere, un animal fantástico y que la historia universal significa el esfuerzo gigantesco y mil veces milenario de ir poniendo algún orden en esa loca fantasía. La historia de la razón es la historia de los estadios porque ha ido pasando la domesticación de ese nuestro desaforado imaginar.[4]

Para Ortega, como para Heidegger, el ser humano es constitutivamente temporal y está volcado hacia el futuro, existe, por decirlo así, fuera de sí. Esa condición de futuridad le exige trascenderse mediante la fantasía y la imaginación, intentando moldear el mundo en derredor al compás de lo que imagina esforzándose en el esfuerzo inútil de que su entorno coincida con su deseo:

[4] José Ortega y Gasset, «Sobre una nueva interpretación de la historia universal. Exposición y examen de la obra de Arnold Toynbee: *A Study of History*», *Obras Completas*. Tomo IX. Barcelona: Taurus, 2017, pp. 1387-1388.

última bestia que es el primer hombre tiene que vivir, a la vez, en dos mundos —el de dentro y el de fuera—, por tanto, irremediablemente y para siempre, inadaptado, desequilibrado —esta es su gloria, esta es su angustia—.[5]

Un ejemplo en apariencia lejano respecto de lo que se acaba de explicar, tomado de la literatura —*El impostor*, escrito por Javier Cercas—,[6] permite asomarse a este problema.

Enric Marco, el personaje de cuya vida se ocupa esta novela, es un falsario y un embustero increíble que a punta de mentiras, fabulaciones y medias verdades, se las arregló para travestir su vida de trabajador de la España franquista enviado a colaborar con la Alemania nazi hasta convertirla en la de un sobreviviente de las mazmorras nazis y a él mismo en una especie de tábano de la transición española, encargado de aguijonear la memoria y mantenerla así alerta ante los hechos que él, Enric Marco, con su elocuencia de víctima memoriosa y testigo insobornable, relataba una y otra vez para evitar que se repitieran. Nada de lo que decía —y gracias a lo cual hacía saltar las lágrimas de quienes lo oían y estallar los aplausos de los congresos a los que era invitado—, sin embargo, era cierto, porque nada de eso le había ocurrido a él, quien no había sido más que un trabajador español enrolado por el régimen como forma de colaboración

---

[5]   Ibídem, p. 1367.
[6]   Javier Cercas, *El impostor*. Barcelona: Literatura Random House, 2014.

con el eje nazi. ¿Es Enric Marco un personaje inmoral que teje y trafica mentiras para ensalzarse a sí mismo, la muestra de una patología minoritaria y marginal, o hay en él algo que también habita en el fondo de cada uno de nosotros? ¿Es Enric Marco, como sugirió Mario Vargas Llosa, alguien que hizo con desmesura lo que todos secretamente anhelamos, a saber, inventarnos una vida mejor de la que vivimos? ¿O acaso Enric Marco es, como tituló Claudio Magris el artículo que le dedicó, un mentiroso que dice la verdad? El caso de Enric Marco le sirve a Javier Cercas para reflexionar, con las armas de una escritura que va y viene, que envuelve y que no suelta nunca, acerca de la literatura y sus relaciones con la realidad o, lo que es lo mismo, acerca de la manera en que la literatura nos permite asomarnos a la realidad o la forma en que la realidad se estructura como literatura.

En uno de los pasajes de este libro —en esos momentos casi autobiográficos, en los que el autor reflexiona acerca del sentido de su propio quehacer—, Cercas caracteriza a esta novela como un «relato real o una literatura sin ficción saturada de ficción». Creo que, en esa sencilla frase, una que el autor pone al final, ya casi a la hora del balance, y pronto a acabar el libro, se encuentra una de las claves del problema que Cercas aborda, una de las claves para comprender la relación entre la literatura y la realidad, algo que está en el centro de las humanidades. Allí, Cercas hace sinónimos el «relato real», por una parte, con la literatura sin ficción *pero saturada de ficción*, por la otra. ¿Cómo puede ser real un relato saturado de ficción?

La única forma en que algo así pueda ocurrir es que la propia realidad tenga la estructura de una ficción.

Fue por supuesto Freud quien, a comienzos de siglo, conjeturó que la realidad poseía la estructura de una ficción. Que haya sido Freud quien haya pensado ese fenómeno es en sí mismo significativo puesto que él, como se sabe, fue también acusado de falsario y de embustero.

Entre 1892 y 1897, y mientras analizaba los casos que describe en *Estudios sobre la histeria*, Freud explicaba las neurosis como producto de una causalidad traumática, por un atentado sexual que el paciente habría padecido, de parte de alguno de sus cercanos, durante la infancia. El recuerdo reprimido de ese evento traumático asomaba como síntoma y cuando se lo traía a la conciencia, por ejemplo, mediante la hipnosis, o la conversación en el diván, desaparecía. Sin embargo, el 21 de septiembre de 1897, Freud confiesa a su amigo Fliess: «No creo más en mi neurótica»,[7] refiriéndose así a los casos, todos de mujeres, que por entonces analizaba. El incidente, conocido como el abandono de la teoría de la seducción, dio lugar, en la historia del psicoanálisis, a la teoría del fantasma. En vez de un acontecimiento traumático, habría en los seres humanos un registro inconsciente que se expresaría fantasmáticamente relacionando al sujeto con su deseo. Incluso cuando existe una agresión sexual real por parte

---

[7] «... en lo inconsciente no existe un signo de realidad de suerte que no se puede distinguir la realidad de la ficción poblada con afecto», en: Sigmund Freud, *Cartas a Wilhelm Fliess (1887-1904)*. Buenos Aires: Amorrortu, 1986, p. 284.

de un adulto, dijo Freud, esa agresión nunca pervive en la memoria como tal, sino que siempre acaba envuelta en construcciones fantasmáticas que, desde el inconsciente, acaban dirigiéndonos.

Cuando Freud dice «no creo más en mi neurótica», no está diciendo que ella mienta o invente lo que relata y la angustia, sino que está afirmando que lo que causa la neurosis es finalmente una ficción, pero una ficción sobre la cual se erige nada menos que la verdad del sujeto. Una de las formas más radicales de este punto de vista de Freud aparece en su famoso estudio sobre Leonardo da Vinci, «Un recuerdo infantil de Leonardo da Vinci».[8] Allí analiza un recuerdo del artista donde este es visitado por un buitre que golpea con su cola, repetidamente, la boca del niño. El problema es que en el recuerdo de Leonardo nunca hubo un buitre, sino un milano. Freud habría tomado el falso sueño de una novela acerca de Leonardo sobre la cual erigió su tesis de la fantasía como estructuradora de la realidad. Un texto ficticio, entonces, sirvió a Freud como antecedente para describir el lugar de la ficción en nuestras propias vidas. Ese lugar queda asentado casi de manera definitiva en la teoría freudiana en un breve escrito de 1908, donde se refiere a las fantasías que los seres humanos elaboran como «la novela familiar del neurótico»: el ser humano aparece allí tejiendo su propia identidad y

---

[8]   Sigmund Freud, *Obras completas*, Vol. XI. Buenos Aires: Amorrortu, 2013, pp. 53 y ss.

reconstruyendo el recuerdo de sus padres, los celos que le causaron, las desilusiones que le hicieron padecer, mediante una novela de cuya escritura son, sin embargo, inconscientes.[9]

La fantasía freudiana, o si se prefiere el fantasma, no encubre la realidad, sino que la constituye, soporta el sentido de realidad del sujeto que, cuando se despoja de la fantasía, queda a la intemperie, desorientado, asomado al horror porque este es finalmente lo que queda como resto cuando la fantasía se disuelve.

En la novela de Cercas, leída desde esas averiguaciones freudianas, Enric Marco no constituye, pues, una excepción sino la regla. En la España de la transición todos serían impostores puesto que constituyen su realidad como una fantasía retrospectiva que les hace ocultar lo que, sin la fantasía, quedaría a la vista: la actitud cobarde y complaciente, la colaboración pasiva con la dictadura.

No es, pues, cierto que haya sujetos fantasiosos y otros que no lo sean, y que lo anterior sea producto tan solo de fabuladores como Marco, sino que todos los seres humanos acabarían habitando una realidad fantasmática que les permite soportar ese aspecto inmanejable de sí mismos que Lacan, por ejemplo, llama «el real».

---

[9]   «Es característica de la neurosis, como también de todo talento superior, una particularísima actividad fantaseadora, que se revela primero en los juegos infantiles y luego, más o menos desde la época de la prepubertad, se apodera del tema de las relaciones familiares», en: Sigmund Freud, *Obras completas*. Vol. IX. Buenos Aires: Amorrortu, 2014, p. 218.

Por supuesto, si el sujeto se constituye fantasmáticamente, ello quiere decir que él mismo no es capaz de ver
las condiciones de su propia constitución. Ver la fantasía
como tal sería, para el fantasioso, una tarea imposible
puesto que equivaldría a verse a sí mismo antes de estar constituido como tal. Por eso en el libro de Javier
Cercas uno asiste al hecho sorprendente de que Enric Marco, incluso luego de intentar despojársele de su
fantasía —porque eso es lo que le ocurre: más que ser
sorprendido en medio de una mentira, se le descubre
sostenido en medio de una fantasía de la que se le intenta desproveer—, no es capaz de reconocerla como tal.
En su conversación con Cercas, hacia el final del libro, y
en el capítulo significativamente titulado «Punto ciego»,
Marco consiente ser un mentiroso, pero como la mentira
es menos que la fantasía, al reconocerse un mentiroso
es también incapaz de ver la estructura fantasiosa que
lo constituye.

Dentro de las múltiples interpretaciones que el incidente de Enric Marco ha desatado, hay algunas, como
la que sugirió Vargas Llosa,[10] que le atribuyen a Marco
ser una suerte de novelista frustrado, un sujeto que mediante la fantasía puso su vida a la altura de sus expectativas y de sus deseos; otros autores, en tanto, como
Claudio Magris, vieron en Marco un mentiroso que
dice la verdad, cuyo embuste consistiría no en inventar

10   Mario Vargas Llosa, «Espantoso y genial», *El País*, 15 de mayo de
     2005.

la historia, sino en simular tener un lugar en ella;[11] en fin, Javier Cercas sostiene que Enric Marco es el hombre de la mayoría, el sujeto incapaz de decir no, alguien cuya historia, disfrazada de simulación y de mentiras, esconde la historia de todos los españoles de la transición. Frente a todas esas interpretaciones de su vida, brota al cerrar las páginas de este libro magnífico, una cuarta: Enric Marco escenificaría en su vida una parte esencial de la condición humana que insinúa Ginzburg, la de que nos constituye el manejo de la relación entre lo visible y lo invisible, el vínculo entre la realidad y la ficción, porque la verdad que nos constituye tendría siempre la estructura de esta última. Los individuos y las sociedades se erigirían sobre máscaras cuyo estatuto de ficción tiene más importancia que la realidad que simulan ocultar y a la que, en vez de encubrir, constituyen. No es que una vez que se retira la máscara aparezca el sujeto desnudo que hasta entonces estaba, tras ella, ocultándose, sino que el sujeto *es* esa máscara, él *es* esa fantasía, esa ficción.

En la variada literatura sobre las ficciones, una de las tesis más iluminadoras es la de Jeremy Bentham, el filósofo utilitarista, quien formuló una teoría de las ficciones, donde observa que hay entes en este mundo que carecen de contrapartida real, a los que no podemos definir, pero que poseen efectos estructurantes de la realidad.

---

[11]   Claudio Magris, «Il bugiardo che dice la veritá», *Corriere della Sera*, 21 de enero 2007.

«Entiendo por ficción —dice— un hecho notoriamente falso sobre el cual se razona como si fuera verdadero».[12] La sociedad, observa Bentham, estaría plagada de esas ficciones, donde la nación, las obligaciones, los cargos de autoridad, los roles o el contrato social serían ejemplos de esas raras entidades que poseen más importancia que los entes que podemos ver y tocar. Aunque no fue psicoanalista, ni tampoco escribió novelas, Bentham fue, como Freud o como Lacan, consciente de que los seres humanos tenemos ficciones, fantasías y literatura no para consolarnos de nada ni para ocultarnos, sino para algo todavía más radical y decisivo: simplemente para ser lo que somos.

A tal extremo llega esta vinculación de las ficciones o de lo invisible con nuestra cultura que incluso lo que parece más alejado de ellas, la ciencia, no puede en modo alguno prescindir de ellas.

Eso es lo que expuso Hans Vaihinger en *La filosofía del como si*. Las ficciones, explicó Vaihinger, no solo habitan la literatura, sino que son una parte fundamental de la ciencia. La diferencia entre las ficciones de la literatura o de la cultura en general y las de la ciencia radica en el hecho de que en las primeras se finge la realidad y se invita a tomársela en serio, en tanto que en la ciencia se imagina algo a sabiendas de que no es real, pero paradójicamente nos ayuda a comprender mejor a esto

---

[12]   Jeremy Bentham, *Tratados de legislación civil y penal*. Madrid: Editorial Nacional, 1981, p. 83.

último. En la literatura decimos que tal cosa es real y en la ciencia invitamos a pensar como si lo fuera. En la primera predicamos la existencia de cosas que no existen, mientras que en la ciencia se emiten juicios ficticios, pero en ellos no se predica ninguna existencia.[13]

Cuando en el siglo XVIII Daniel Bernoulli sugirió que un gas estaba compuesto de partículas que se movían de forma permanente y sin dirección fija usó una imagen para explicarse. Dijo entonces que imagináramos una mesa de billar en que las bolas chocaran entre ellas y con las bandas en tres dimensiones. Al hacerlo sabríamos más o menos lo que ocurría con el gas en un espacio cualquiera. Por su parte, Robert Solow sugirió hacia 1956 que el crecimiento económico dependía de la tecnología y para mostrarlo sugirió imaginar una economía cerrada en que la renta era igual al producto y la población igual a la fuerza de trabajo; en una situación así, dijo, el crecimiento solo podía producirse por un aumento de la oferta, lo que, por su parte, solo podía ser producto del avance tecnológico impulsado por la inversión de capital.

Lo que tienen en común esos ejemplos es que en cada uno de ellos se ha empleado lo que podría llamarse un artefacto epistémico, un modelo, y a través de él se ha intentado representar de manera simplificada la realidad

---

[13]   Hans Vaihinger, *The Philosophy of As If. A system of the Theoretical, Practical and Religious Fiction of Mankind.* Nueva York: Harcourt Brace and Company, 1925, p. 61.

que se pretende describir, infiriendo del modelo consecuencias para la realidad y sugiriendo que, entre este y aquello a que se refiere, hay una cierta relación isomórfica.

Los problemas que plantea el empleo de esas versiones mentirosas, fictas, de la realidad son, desde el punto de vista de la filosofía, de variada índole.

Desde luego, hay cuestiones semánticas referidas a la función representativa del modelo —¿cómo se acredita o se verifica esa relación semántica?, ¿cómo nos cercioramos de la relación entre el modelo y lo que significa?—. Hay también cuestiones ontológicas —¿qué tipo de cosas o de entes son los modelos?—. Y, por supuesto, hay cuestiones de índole más general de filosofía de las ciencias como, por ejemplo, el uso de teoría de modelos en la disputa entre realismo y antirrealismo.

No muy distinta es la situación de los conceptos.

Es gracias a los conceptos que la experiencia, de otra manera desordenada y múltiple hasta casi la infinitud, se hace manejable y transmisible. Esta condición del conocimiento humano consistente en captar la rica variedad de lo real mediante un conjunto de conceptos menos variados y más simples ha planteado un severo problema a la reflexión de la filosofía: ¿cómo explicar que un repertorio de conceptos infinitamente más simples que la realidad a la que se refieren nos permitan, sin embargo, conocerla? Este problema ha recibido varias respuestas. Una de ellas consiste en sostener que los conceptos que empleamos atrapan la esencia de las cosas a las que se refieren y otra consiste en sostener que nuestros conceptos no son más que generalizaciones inductivas formuladas a partir de la experiencia. En medio de ese repertorio de respuestas se encuentra la obra y pensamiento de Kant, para quien el entendimiento permite ordenar el flujo —en principio caótico— de la experiencia revelándolo como un conjunto de fenómenos discernibles. Kant observa que la vida humana es temporal, está compuesta de instantes o momentos discretos. Todos los datos sensibles, observa, se producen en un momento, por decirlo así, fugaz del tiempo. Por eso —observa— sin la conciencia de que lo que pensábamos hace un momento es lo mismo que ahora pensamos, ninguna representación sería posible, todo sería discontinuo, sin ligazón ninguna.

Para Kant nunca podemos alcanzar la intimidad de las cosas, la cosa en sí, solo podemos suponerla. Lo que está a nuestro alcance son los fenómenos, las cosas tal cual aparecen. *La afirmación conduce a situar la suposición o la ficción en el centro de nuestra misma identidad.* Este es el problema que se conoce como el de la «apercepción trascendental». Cuando hablo o cuando escribo estas páginas soy yo quien las escribe y me imagino como un sujeto; pero, acaso el yo en sí mismo, ¿no se me escapa? ¿Acaso mi propia identidad —un yo subyacente en la serie continua de mis percepciones— es algo que me consta de manera indudable?[14]

---

[14] Para Kant, si me represento algo —por ejemplo, el contenido proposicional de este ensayo— ello solo puede ser posible sobre la base de que soy yo quien piensa esa representación. A esto Kant lo llama el principio de la apercepción. Pero ¿qué sería este «yo» que acompaña

No se requiere, sin embargo, volver la vista hacia la ciencia o la literatura o a la apercepción trascendental para mostrar el lugar que la fantasía, lo que Carlo Ginzburg llama invisible, posee en la condición humana.

Y es que, dicho de manera más general, uno de los rasgos que caracterizan a cualquier cultura —no se conoce ninguna que no lo tenga— es la preocupación por lo que pudiéramos llamar los límites de la existencia.[15] Todas las culturas cuentan con un relato, o con varios, acerca del origen de lo humano y el destino a que está llamado. Si se omite ese rasgo no parece posible elaborar ninguna explicación coherente de la cultura humana. Nicanor Parra lo dice de manera inmejorable en uno de sus *Versos de salón*:

---

todas mis representaciones?, ¿un fenómeno?, ¿una cosa en sí que se nos escapa?, ¿acaso una suposición? Esto explica la idea que ha expuesto Žižek de que el ser humano tiene una herida que sutura con la fantasía. En nuestro ser más íntimo aparecería la ficción debido a que la unidad de la conciencia que percibe las cosas (el yo) es un concepto trascendental que escapa a toda experiencia posible. De esta manera, explica Žižek, el sujeto estaría atrapado en una red simbólica de la que no puede escapar puesto que él mismo no podría concebirse sino como una cosa noumenal, que es como Kant designa a aquello que suponemos pero cuya realidad, finalmente, no nos consta. Véase al respect. Slavoj Žižek, *Tarrying with the negative. Kant, Hegel and the Critique of Ideology*. Durham: Duke University Press, 1993; *El sublime objeto de la ideología*, México, D.F.: Siglo XXI, 1992.

[15] Me sirvo aquí, en lo relativo al fenómeno religioso, de parte de lo que expuse en «El lugar de la religión en el mundo de hoy», disponible en: *Ideas periódicas. Introducción a la sociedad de hoy*. Santiago: Ediciones El Mercurio, 2021.

Señoras y señores:
Yo voy a hacer una sola pregunta:
¿Somos hijos del sol o de la tierra?
Porque si somos tierra solamente
No veo para qué
Continuamos filmando la película:
Pido que se levante la sesión.

Hay quienes se imaginan a sí mismos como el fruto de un azar incomprensible. Darwin, al revés de Lamarck, creyó que era la suerte y no la capacidad adaptativa aquello a lo que debemos nuestra existencia. Y hay quienes, en cambio, se ven como el resultado de un diseño caritativo. Santo Tomás, por ejemplo, enseñó que si Dios era perfecto no nos necesitaba, por lo que nuestra venida al mundo tan solo podría ser fruto de la gratuidad que llamamos amor. Pero unos y otros, los que creen y los que no, los que leen a Darwin y los que leen la *Suma de Teología*, o los que logran compatibilizar ambas cosas, han experimentado alguna vez lo que pudiéramos llamar la problematicidad de la propia existencia, el hecho de que ella *en sí misma* es una incógnita. Sabemos, en otras palabras, que no nos debemos a nosotros mismos. Si cada uno se supiera causa de sí mismo la pregunta carecería de sentido y entonces sería mejor «levantar la sesión».

El poema de Parra puede ser considerado una versión de la famosa pregunta que Gottfried Leibniz formuló en uno de sus estudios sobre la naturaleza y la gracia: ¿por qué hay algo en lugar de nada? La pregunta, sugirió, adquiere mucha relevancia «si se tiene en cuenta que la nada es más simple y fácil que algo».[16] Todas las culturas parecen ser un intento por responder ese tipo de pregunta. Con ella no se quiere averiguar la causa de que algo exista —como cuando preguntamos «¿de dónde salió esto?»—, sino la razón por la que existe —como cuando decimos «¿para qué está esto acá?, ¿qué significa?, ¿cuál es su sentido?»—. Los seres humanos podríamos prescindir de la causa que nos origina e ignorar sin problema de dónde venimos, pero lo que de veras parece preocuparnos y no podemos ignorar es la pregunta de Leibniz, la razón de nuestra existencia, el para qué de ella —para qué, como diría Parra, estamos filmando la película—. Es lo mismo que observó Heidegger en 1936 cuando hizo una descripción sorprendentemente aproximada del mundo de hoy. Algún día, dijo, la técnica conquistaría hasta el último rincón del globo, el tiempo sería rapidez, instantaneidad y simultaneidad, el boxeador regiría como el gran hombre de una nación y en número de millones triunfarían las masas reunidas en asambleas populares; pero incluso entonces, advirtió, seguirían cruzando «todo este aquelarre como fantasmas las preguntas ¿para qué?, ¿hacia dónde?, ¿y después qué?».[17]

No se conocen formaciones culturales que no se hayan planteado ese problema, el problema de qué hay más

---

[16] G. W. Leibniz, «Principios de la naturaleza y la gracia fundados en razón», en: *Escritos filosóficos*. Buenos Aires: Charcas, 1982, p. 685.

[17] Martin Heidegger, *Introducción a la metafísica*. Buenos Aires: Nova, 1969, p. 75.

allá de sí mismas y qué significado poseería eso que las excede. De hecho, una forma de definir una cultura es esa: un esfuerzo por dibujar la totalidad de lo que existe, tanto aquello que vemos u observamos como aquello que se nos escapa. George Steiner sugirió por eso que detrás del significado estético o de cualquier otra índole estaba la apuesta por lo que él llamó una «presencia real»: el supuesto de un «significado final», sostuvo, garantiza el sentido del lenguaje humano.[18]

No puede afirmarse, desde luego, que esa «presencia real» exista, pero su búsqueda, sea que la acredite la certeza o el vacío, parece estar latiendo en toda cultura humana.

Si por un momento imaginamos —sugieren Javier Marías y Jon Fosse— a alguien condenado a permanecer en una pieza oscura y a quien por piedad se le han dejado algunos fósforos para que, cada cierto tiempo, encienda una llama, tendremos una imagen aproximada del papel de la cultura. La llama no espantará del todo la oscuridad, pero al menos dibujará sus contornos y le permitirá al condenado moverse en medio de ella. El condenado a esa pieza oscura construiría mentalmente su espacio gracias a esos contornos dibujados por la luz transitoria y no podría evitar preguntarse qué hay más allá de ellos. Y de ahí en adelante su mundo pasaría a estar compuesto de lo que la cerilla le permite ver *y a la vez* de la oscuridad que le rodea. Toda cultura, podríamos decir, es el esfuerzo por tratar con ese conjunto formado por lo que

---

[18] George Steiner, *Presencias reales*. Madrid: Siruela, 2017.

vemos y está a nuestro alcance, y por lo que no vemos y que se encuentra más allá de nosotros. Un esfuerzo, en suma, por incorporar a nuestro horizonte la oscuridad que nos circunda.

Los sociólogos, aunque con diferencias, parecen estar de acuerdo en los rasgos básicos de ese fenómeno.

Peter Berger sostiene que es propio del individuo humano orientar sus acciones hacia algo que le permite, de forma retrospectiva, unificarlas como parte de un solo acontecer. Lo que llamamos sentido —o el sentido último que las religiones buscan esclarecer— es lo que permite unificar nuestras varias experiencias, verlas como algo que acontece a un «yo» —como ocurre con lo que llamamos experiencia subjetiva— o a un «nosotros» —la llamada experiencia intersubjetiva—. La cultura humana reproduciría de alguna forma esa estructura de construcción de sentido. Y así las diversas culturas organizarían la experiencia a partir de un «algo» hacia lo que se orientan. La religión sería, por tanto, una de las formas en que ello ocurre.[19]

Niklas Luhmann, por su parte, explica que toda sociedad es un sistema que, para existir como tal, debe recortarse sobre un fondo. Para distinguirse del fondo debe seleccionar algunas cosas y excluir otras, del mismo modo que cuando fijamos la atención en algo todo lo demás queda como una tela sobre la que se recorta eso que

---

[19]   Peter Berger, *Para una teoría sociológica de la religión*. Barcelona: Kairós, 1967.

miramos. La distinción entre lo que está aquí, al alcance de nuestra experiencia, y lo que está más allá, lejos de ella, la distinción entre lo observable y lo no observable, acompaña así a todas las sociedades humanas. Esa distinción ineludible sería lo específicamente religioso. En este sentido, la religión sería un esfuerzo por tratar —no sabemos si con éxito o sin él— con la nada —eso que arde, como la llamó el maestro Eckhart— o huir de ella.[20]

Peter Sloterdijk, a su vez, en *Has de cambiar tu vida*, sugiere que lo que hizo posible la humanidad, la condición humana, sería un gigantesco esfuerzo inmunológico del que la religión sería apenas una parte. El individuo humano existiría amenazado por el medio y entonces todo su esfuerzo consiste en elaborar un mundo aparte y suficiente donde pueda sentirse a sus anchas, inmunizado contra el peligro del medio y de la incertidumbre. El ascetismo en la práctica y en las ideas, ejercitarse una y otra vez hasta inmunizarse y conjurar el peligro que alberga la oscuridad —el mundo allá afuera— sería lo propiamente humano y por eso la cultura es el trato con lo invisible. Un poema de Rilke donde se canta el torso mutilado de Apolo le sirve a Sloterdijk para mostrar este rasgo que nos constituiría: el esfuerzo por empinarnos más allá de lo que somos. La piedra que muestra ese torso incompleto, descrita por Rilke, acaba dirigiéndose a quien la mira y le dice: has de cambiar tu vida. No hay, explica Sloterdijk, nada de autoayuda en su empeño, sino

[20]   Niklas Luhmann, *Sociología de la religión*. Barcelona: Herder, 2009.

el esfuerzo por mostrar que el ser humano es un sujeto mutilado e indigente, discapacitado —diríamos hoy—, que ha de empeñarse en imaginar el mundo en derredor hasta sentirse a sus anchas en él.[21]

Pero quien más ha subrayado ese empeño de la cultura por trascenderse o, si se prefiere, por incorporar dentro suyo la oscuridad circundante, y ha diagnosticado, al mismo tiempo, lo que ocurre cuando ese esfuerzo es víctima de la distancia irónica, es Philip Rieff.

Para este autor toda cultura es un esfuerzo de normalización, es decir, de establecer estándares o pautas que disciplinen la existencia. Es esta una idea que se encuentra también en el análisis de las instituciones que hiciera Arnold Gehlen.[22] El ser humano, observó este último, es un ser carente de un guion biológicamente pautado y, por lo mismo, entregado a sus anchas o a su mera subjetividad espontánea, acabaría pereciendo. Las instituciones domeñan y reprimen su subjetividad y de esa forma le permiten estar más o menos a sus anchas. Rieff, por su parte, sugiere un punto de partida similar: toda cultura sería un esfuerzo por normalizar, en el doble sentido de establecer normas y fijar un estándar más allá del cual la normalidad se abandona. En uno de sus ensayos expuso que el ideal de la cultura de Oscar Wilde —la individualidad del artista guiado por

[21] Peter Sloterdijk, *Has de cambiar tu vida, op. cit.*, pp. 61 y ss.
[22] Arnold Gehlen, *El hombre. Su naturaleza y su lugar en el mundo*. Salamanca: Sígueme, 1987; también «Hombre e instituciones», en: *Antropología filosófica*. Buenos Aires: Paidós, 1993.

la búsqueda de la belleza frente a lo cual todo perdería valor— era, en la práctica, imposible:

> A medida que la cultura se hunde en la psique y se convierte en carácter, se restringe lo que Wilde valoraba por encima de todo: la individualidad. Una cultura en crisis favorece el crecimiento de la individualidad; en el fondo, las cosas ya no pesan tanto como para frenar el juego superficial de la experiencia. Hipotéticamente, si una cultura pudiera crecer hasta la crisis total, entonces todo podría expresarse y nada sería verdad. Impedir la expresión de todo: esa es la función irreductible de la cultura.
>
> Mediante la creación de «valores opuestos» —de ideales, de verdades militantes— se sella la terrorífica capacidad del ser humano para expresarlo todo.[23]

La «terrorífica capacidad del ser humano para expresarlo todo». Rodeado por la inmensidad en principio sin sentido y con un futuro abierto delante suyo, sin nada que lo ayude a descifrar lo indecible o lo invisible, el individuo humano se sumiría en la angustia o en la violencia. La cultura humana aparece así como el esfuerzo de tratar con esa inmensidad, lo que Freud en el *Moisés y la religión monoteísta* llamaba «sentimiento oceánico». Para hacerlo, la cultura requiere trascenderse a sí misma, apelar a algo vertical en pos de cuya consecución, por decirlo así, se

---

[23] Philip Rieff, «A Last Word. The Impossible Culture: Wilde As A Modern Prophet», *Salmagundi*, núm. 58/59, 1982-1983, p. 413.

estira. De ahí que todas las culturas anteriores a la nuestra son un esfuerzo por dirigirse a alguna «autoridad última». En una época fue el mito, en otra la fe. La cultura sería entonces el esfuerzo por traducir o expresar en reglas y prácticas esa autoridad última. Ninguna cultura ha podido prescindir de un orden sagrado del que el orden social pretende ser un reflejo.[24]

Esas reglas y esas prácticas que intentan traer al orden social esa autoridad última constituyen lo que Philip Rieff llama la «estética de la autoridad». Las prácticas culturales, como la forma de criar a los hijos, la educación, la política, los modales, el gusto literario y artístico, las maneras de mesa, la civilización, en suma,[25] pretenderían ser expresiones del orden sagrado y de esa forma, la traducción de lo invisible. La cultura sería el breve espacio entre el orden social y el orden sacro, tal como aparecería representado en la Capilla Sixtina en la escena de la creación, en ese intersticio donde ambos dedos índices, el de Dios y el del ser humano, se acercan sin tocarse.[26] Desde la forma correcta de saludar y las maneras corteses, hasta quién debe gobernar, serían productos de esa estética de la autoridad que dibuja la línea invisible que separa el bien y el mal, lo bello y lo feo, lo

---

[24] Una idea similar, desde luego, se encuentra en *The New Science of Politics* de Eric Voegelin.

[25] Véase: Norbert Elias, *El proceso de la civilización*. México D.F.: FCE, 2015.

[26] Philip Rieff, *My Life Among the Death Works*. Volume I, Sacred Order/ Social Order. Charlottesville: University of Virginia Press, 2006, p. 46.

verdadero y lo falso. Las rupturas, continuidades y éxitos de ese proceso de transcripción tejen la cooperación, el conflicto y la conciencia que hacen del animal humano un ser social.

En la sociedad contemporánea, sin embargo, asistiríamos a una sustitución de la estética de la autoridad por una estética de la terapia.

En *Freud. La mente de un moralista*, Philip Rieff había mostrado de qué forma la terapia psicoanalítica intentaba liberar al individuo de la autoridad del pasado, por la vía de someter los recuerdos, por ejemplo, de la autoridad del padre, a un esfuerzo reflexivo.[27] De esa manera, cuando el sujeto se hacía consciente del origen de sus temores o de la culpa que lo atormentaba, comenzaba a liberarse de ellos. La terapia acababa cuando por esa vía reflexiva el sujeto se convertía en su propio padre. Freud, sin embargo, nunca soñó con que su genio sirviera para afirmar una cultura en la que no hubiera figuras de autoridad contra las que la juventud pudiera reaccionar y alcanzar así su propio sentido de los límites que definen toda existencia humana.

Según Rieff, esa reflexividad sobre los términos divinos en los que reposaría la autoridad —una castración simbólica en términos freudianos— dominaría hoy amplios ámbitos de la vida cultural. Y ello habría dado origen, paradójicamente, a una agenda disciplinaria según la

---

[27] Philip Rieff, *Freud: The Mind of the Moralist*. Nueva York: Anchor Books, 1961.

cual toda represión debe ser reprimida y, al mismo tiempo, a una forma de racionalidad para la cual la única verdad es que no hay verdad.[28] Sin figuras de autoridad sería difícil experimentar los propios límites y así el sujeto se vería poseído por el mal del infinito. Mientras en la sociedades tradicionales los poderes destructivos o que provocaban desorden o angustia eran gestionados por la idea de destino, como en la antigua Grecia, o domesticados por la fe, hoy son celebrados como formas de liberación o de autenticidad o de autonomía. Al constatar ese fenómeno, Rieff diagnostica el mundo contemporáneo como uno en el que la ficción y los roles teatrales —la estética de la terapia— ocupan el lugar que en otras sociedades ocupaban la fe o el destino. Por primera vez en la historia de la humanidad las élites culturales insistirían en que podemos prosperar *sin una* autoridad sagrada. Y de esa forma la cultura, en vez de ser un esfuerzo por traducir un orden sagrado o, si se prefiere, por expresar lo indecible

---

[28] «Una nueva generación de lectores ha crecido en este nuevo mundo de lo terapéutico. Sabrán poco del antiguo y, por tanto, se arriesgan a ser analfabetos en el alto arte de leerse a sí mismos en el nuevo mundo que nunca hicieron. Como maestro en las tradiciones del viejo mundo, digo que en este viejo mundo los signos más seguros de algo sagrado están y permanecen siempre en sus más altos poderes de prohibiciones: esas directivas de no harás de la autoridad absoluta dieron a cada uno un sentido común de dirección y miedo sagrado a no tomar una determinada dirección.» Véase: Philip Rieff, «For the Last Time Psychology: Thoughts on the Therapeutic Twenty Years», *Salmagundi*, núm. 74/75, 1987, p. 104. Una observación similar se encuentra en Žižek, quien observa que el deterioro del tradicional super yo que orientaba la represión, da paso al surgimiento de un único mandato: ¡Goza!

o mostrar un momento de incondicionalidad para, de esa forma, orientarnos, se ha transformado en una lucha por desacralizarlo todo:

> La guerra cultural contemporánea es única porque no es entre órdenes sagrados sino entre grandes movimientos abolicionistas dirigidos contra todo orden sagrado en cualquiera de sus manifestaciones históricas o teóricas.[29]

Hoy, sugiere Rieff, ya no luchamos por qué términos divinos obedecer y cómo obedecerlos, sino que ahora vivimos una *kulturkampf*, una guerra cultural que es más sociológica que teológica. Las élites habrían abandonado las realidades incondicionales, adoptando una ética de la autonomía y de la liberación de la que sería abundante muestra la estética contemporánea y ciertas corrientes al interior de las propias humanidades que privan a la cultura de cualquier sentido que la trascienda. Para Philip Rieff, en otras palabras, el esfuerzo por vincularse con lo invisible instituyendo una esfera sagrada es fundamental para el bienestar humano porque sin represión —y en esto coincide con Žižek— todo deseo sería inútil y vano.

Haciendo pie en esas ideas, Rieff elaboró una severa crítica a la universidad contemporánea. Muchos profesores estarían atrapados entre la industria de la investigación y una frívola crítica cultural:

[29] Philip Rieff, *My Life Among the Death Works, op. cit.*, p. 13.

Los gestores de la industria del conocimiento producen los hechos que se necesitan, mientras que, en la nueva división del trabajo, los actores-gestores de nuestra crisis cultural producen críticas de valor y, lo que es peor, personificaciones groseras de esas críticas. Cada vez más, al orquestar las protestas juveniles, los gestores del valor sienten que deben representar sus críticas. Hacer el bien es montar un mal espectáculo; así, los gestores del valor superan a sus antecesores, los apóstoles geniales de la crítica. Si Nietzsche alguna vez actuó, al menos lo hizo con la verdad —que es la represión lograda con éxito, aunque nunca de forma definitiva— y con el honor de volverse loco. Representar las excentricidades de los profetas no convierte a nadie en profeta. Elías no era quien era porque comía estiércol. Con su actuación en el papel profético, los actores-gestores de la crítica total han reducido nuestras exquisitas tradiciones proféticas, incluida la nietzscheana, a groserías primitivas. Ahora la grosería primitiva se honra con una rúbrica sociológica: «contracultura».[30]

Es difícil no advertir en la esfera de los medios o el debate político la realidad que diagnostica Rieff. En la izquierda, la «cultura de la cancelación» o el empeño por disciplinar el lenguaje pueden interpretarse como la expresión del anhelo inconsciente de revivir alguna idea del bien y del mal, erigir tabúes y restricciones e identificar

---

[30]   Philip Rieff, *Fellow Teachers of Culture and Its Second Death*. Chicago: The University of Chicago Press, 1985, p. 7.

un momento de incondicionalidad que nos oriente. En la derecha, se denuncia la degradación del Occidente moderno y se anhela la restauración de la autoridad tradicional. En uno y otro caso late la búsqueda de una autoridad normativa que permita trazar la línea entre lo profano y lo sagrado. Esa realidad confirmaría, en consecuencia, que los seres humanos no pueden rehuir la búsqueda de lo sagrado.

Pero sea que la asignación de sentido parta en la conciencia humana, como sugiere Berger; sea que se trate de una condición del sistema para distinguirse de su medio, como acabamos de ver sugieren Luhmann o Sloterdijk; sea, en fin, que toda cultura no pueda eludir la búsqueda de un momento que oriente la voluntad, según arguye Philip Rieff; lo que parece estar acreditado es que la existencia humana no puede resignarse a la oscuridad que la rodea; más bien, se esfuerza por incorporarla a su horizonte de sentido.

Pero ¿cómo podrían las humanidades referirse a eso que, hemos visto, trasciende el mundo ante los ojos?

Esa pregunta ha orientado casi todo el quehacer de las humanidades.

IV
EL MÉTODO: EL PROBLEMA DEL CÍRCULO HERMENEÚTICO

Las humanidades poseen una relación —por decirlo así— extraña con el objeto del que se ocupan. Un ejemplo de esa condición la constituye lo que Heidegger llamó «círculo hermenéutico», una expresión tomada de Dilthey. En *Ser y tiempo* observó que solo podemos preguntar por algo si contamos de forma previa con una cierta comprensión neblinosa —en términos técnicos, con un prejuicio— acerca de aquello en que consiste lo que buscamos. Es lo que ocurre respecto de la pregunta por el ser, la más general de todas las preguntas:

Como búsqueda, la pregunta necesita de una dirección previa, obtenida de lo buscado. El sentido de[l] ser ha de sernos, pues, ya disponible en cierto modo. Ya lo hemos dicho: nos movemos ya siempre en una comprensión del ser. De ella surgen la pregunta expresa por el sentido de[l] ser y el intento de dar a este sentido forma conceptual. No *sabemos* qué significa «ser». Pero ya cuando preguntamos: «¿qué *es* "ser"?» nos mantenemos en una comprensión del «es», pero sin ser capaces de fijar conceptualmente lo que ese «es» significa. Ni siquiera conocemos el horizonte desde el que poder aprehender y fijar tal sentido. *Esta comprensión media [durchschnittlich] y vaga del ser es un* factum, *un hecho.*[1]

De esta manera partimos desde una cierta comprensión previa, un *factum*, que nos guía en la búsqueda, y al final de esta volvemos sobre el inicio corrigiendo, por decirlo así, esa impresión primera, en un círculo sin fin. Se trata de algo semejante a lo que san Agustín observó a propósito del olvido. Es obvio que cuando olvido algo no lo he perdido del todo, puesto que tengo conciencia de que lo he olvidado. Esta misma es la razón que esgrime Sartre en su famosa refutación de la idea de inconsciente. Freud había dicho que nuestros recuerdos olvidados de alguna forma nos dirigen, pero ¿cómo podría estar guiado por algo que no sé en absoluto? No cabe duda, responde, que lo que se llama inconsciente no es más que mala fe, algo que sabemos solo que, de algún modo, lo ocultamos a nosotros mismos. Cada uno, concluye Sartre, es testigo insobornable de sí mismo. En la literatura antigua es posible encontrar ejemplos de ese círculo. Uno de los mejores lo proporciona Aristóteles, quien suele iniciar sus investigaciones acerca de la justicia o de la amistad, reparando en el concepto que está disponible en el habla cotidiana para, a partir de allí, continuar la investigación cuyos resultados, al final, retornarán sobre el uso inicial. Una idea semejante a esa aparece en la filosofía analítica. John L. Austin sugiere

---

[1] Martin Heidegger, *Ser y tiempo*, cap. I, 2. Cito aquí la traducción, no publicada, de Manuel Jiménez Redondo.

detenerse en el modo en que usamos las palabras porque de esa forma, dice, podremos agudizar nuestra conciencia de la realidad sobre la que hablamos al usarlas. Todos esos ejemplos, y podrían citarse otros,[2] recuerdan que el discurso acerca de objetos culturales como una novela, un objeto sacro, un sistema político, son también cultura y al incorporarse a ella la modifican de manera inevitable. ¿Es esa forma de razonar privativa de las humanidades? Parece que no, a juzgar por lo que Nelson Goodman llama «equilibrio reflexivo».[3] Usamos formas de razonar —como la inducción, dice Goodman— porque se ajustan a nuestras experiencias particulares. Y hacemos predicciones acerca de eventos particulares porque derivan de la regla. Razonamos, pues, buscando un equilibrio entre nuestras conclusiones y las reglas a partir de las cuales las alcanzamos.

Ese carácter *circular* —por decirlo así— de la reflexión de las humanidades explica además otra de sus características.

Se trata de la indisoluble unidad que las humanidades guardan con su objeto, las cosas humanas, cuyo sentido procura desentrañar.

Al contrario de lo que ocurre con otros quehaceres intelectuales, las humanidades no solo describen su objeto, como si este estuviera allí afuera, fijo, quiescente, inconmovible frente a la palabra. Si bien las humanidades

---

2   John L. Austin, «A Plea for excuses», *Proceedings of the Aristotelian Society, New Series*, vol. 57 (1956-1957), p. 8.

3   Nelson Goodman, *Ways of Worldmaking*. Indiana: Hacketts, 1978.

describen su objeto, al hacerlo, también lo constituyen, reobran sobre él y lo modifican. Los novelistas suelen decir —Javier Marías es quizá el mejor ejemplo— que cuando escriben llega un momento en que los personajes que han imaginado comienzan a dirigir la escritura como si se rebelaran y amotinaran frente al escritor, como si al imaginar una página y lograr escribirla, lo escrito reobrara sobre la imaginación de modo que, a partir de entonces, fuera la página escrita la que comenzara a dirigir el proceso.

La sociología, cuyo discurso en un principio fue indiscernible de las humanidades, se parece por eso a la escritura de novelas —en la misma época que surge la sociología, Honoré de Balzac escribe *La comedia humana*, que es una descripción de la naciente sociedad moderna—.[4]

Lo que hoy se llama sociología nació como el esfuerzo por comprender el tránsito entre la sociedad tradicional y lo que conocemos como sociedad moderna, ese momento que Auguste Comte llamó la «gran crisis de la sociedad europea».[5] Pero cuando Karl Marx, Émile Durkheim o Max Weber describen a la sociedad también contribuyen a conformar la manera en que los modernos la conciben y así el discurso sociológico que pretendía describirla acaba también configurándola. Es lo que se llamó más tarde «profecía autocumplida». Otro tanto ocurre con la

[4] Wolf Lepenies, *Las tres culturas. La sociología entre la literatura y la ciencia*. México D.F.: FCE, 1994, pp. 74-75.
[5] Auguste Comte, *Cours de Philosophie Positive*. Vol. IV. París: Societé Positiviste, 1893, p. 467.

historiografía. Los países que se describen a sí mismos como una nación, una comunidad inmemorial unida por la tierra y por la sangre, no existirían sin la historia que reconstruye o inventa ese pasado y lo hace plausible con las fuentes que recoge, las narraciones que efectúa, los detalles que enfatiza y los que omite. Por eso la historia se escribe una y otra vez, porque a fin de cuentas nunca podemos aprehender el pasado, solo podemos interpretarlo a partir de los despojos que el tiempo arroja a los pies del presente. La historia es una profecía al revés: decimos que tal cosa ocurrió antes, pero al hacerlo estamos en verdad mirando el pasado para ajustar lo que hemos llegado a ser. De modo que es propio de las humanidades —y de las ciencias sociales que se desprendieron de ellas— la rara característica de referirse a un objeto que resulta modificado por la forma en que se le comprende y que, luego de ello, modifica a su vez lo que de él se dijo.

Y es probable que las dos características anteriores expliquen el hecho de que las humanidades se deslicen con tanta facilidad hacia la política y sea tan difícil para ellas cultivar lo que Max Weber llamó la «neutralidad axiológica de la ciencia». Después de todo, si hablar de cultura es también modificarla, ¿por qué no habríamos de pretender conducirla en un sentido específico acorde con nuestros ideales? Se trata, sin embargo, de un malentendido frecuente.

Max Weber, siguiendo una tradición inaugurada por, entre otros, Wilhelm Dilthey —quien se ocupó, como veremos, de fundar lo que llamó «ciencias del espíritu»—, pensó que toda acción social tenía un sentido objetivo y otro subjetivo. Desde el punto de vista subjetivo el individuo humano actúa adhiriendo a ciertos valores en los que cree; y desde el punto de vista objetivo esos valores producen un cierto efecto en el mundo. Fue esto lo que quiso decir en la introducción a la *Sociología de la religión* cuando aseveró que para comprender una época había que atender al modo en que el individuo se situaba ante el destino, ante los límites últimos de la realidad. Pero cuando Weber decía todo eso no estaba invitando al irracionalismo, ni sostenía que el cientista social o el humanista debían aceptar de forma acrítica los valores a que cada época adhiere o, en cambio, lo que sería peor, emplear su posición y su prestigio para postular los propios. En cambio, abogó por comprender la forma en que esos valores incidían de manera objetiva en el mundo y por examinar la racionalidad de la forma en que el sujeto adhería a esos valores. El malentendido consiste en creer que, como todo está infestado de valores, el cientista social o el humanista debe darse a la tarea de emplear su discurso para imponer los propios. Y no era el caso. En términos de la teoría de sistemas, lo que Weber sugería era emprender una «observación de segundo orden», es decir, observar al observador y someter a análisis racional el modo en que comprendía la realidad y actuaba en ella.[6]

---

[6]   Para todo ello véase: José Luis Villacañas, *Max Weber en contexto. Filosofía y ciencia social tras las sendas de Kant.* Barcelona: Herder, 2024, pp. 274 y ss.

Así, las humanidades parecen reobrar sobre lo que describen o interpretan.

Y está, por último, el problema del tiempo. Si las humanidades se ocupan de las cosas humanas, si en términos generales intentan leer o desentrañar su significado o sentido, y si todo lo humano acontece en el tiempo, entonces, ¿cómo podrían emitir un discurso de validez universal?

Este problema se encuentra en el centro de las humanidades y de lo que se han llamado, desde Dilthey, ciencias del espíritu. Todo lo que le ocurre al individuo humano, lo que escribe, los monumentos que erige, las oraciones que pronuncia, los descubrimientos que efectúa, acontecen en un momento y lugar específicos y son, por eso mismo, particulares. ¿No será, entonces, que lo que llamamos conocimiento es siempre relativo a la cultura dentro de la cual se formula, de manera que las aspiraciones de universalismo —como sugiere la parodia escrita por Sokal y que mencionábamos al inicio— no son más que un pretexto para justificar la dominación de lo que, en el fondo, no sería más que un punto de vista? De ser así, entonces no solo la narrativa histórica sería relativa, sino todas nuestras aseveraciones en materia de moral o de validez estética e incluso, lo que es más radical todavía, la propia idea de razón. ¿Acaso la razón ilustrada no sería más que una forma de racionalidad entre otras, solo que ella es la que habría llegado a ser hegemónica? Una respuesta positiva a esta pregunta tiene consecuencias muy radicales puesto que entonces, y tal como lo sugiere la parodia del comienzo, habría que dar lugar tanto a los puntos de vista como a las formas de racionalidad sometidas o aplastadas por esa hegemonía. Todo esto parece excesivo, pero es lo que ha llevado a algunos académicos a abogar por que se incluyan en los currículos y los planes de lectura textos y artículos escritos, por ejemplo, por minorías excluidas; después de todo, si lo que llamamos racionalidad es una forma de dominación y un asunto de poder, entonces el pluralismo obliga a seleccionar lecturas no atendiendo a su valor de verdad, sino a las diversas situaciones de poder que las originaron.

Pero al igual que ocurre con las características anteriores, esas consecuencias —que, aunque resulte sorprendente, son a veces defendidas en la academia— son el fruto de un malentendido, porque del hecho de que nuestras visiones de mundo estén históricamente situadas no se sigue que ellas sean relativas en el sentido que su valor de verdad dependa del contexto en el que se profieren o que todas sean equivalentes entre sí, puesto que para ello habría que suponer un tercer término desde el que se pudiera formular esa equivalencia. A esto es a lo que Hilary Putnam ha llamado «la perspectiva del ojo de Dios», que es el supuesto del relativismo. En cambio, del hecho de que la cultura que evaluamos y lo que decimos acerca de ella sean ambos históricos no se sigue relativismo alguno, puesto que la conclusión que de ello se sigue es que ese es el único punto de vista acerca del mundo que podemos tener y que esa es la audiencia a la que nos dirigimos.

Muchas de las conclusiones que se obtienen de forma apresurada de esas características que poseen las humanidades, amenazan a la universidad moderna, la universidad que apareció a principios del siglo xix y que aspira a ser el lugar de la razón y el sitio donde se cultivan las virtudes que hacen posible el diálogo. Por eso, cuando se asevera que la razón cultivada en la universidad es solo *una* forma de racionalidad —que oculta a otras que se mantienen dominadas—, que los textos admiten múltiples interpretaciones —al extremo de que no habría textos sino comunidades de interpretación— o que en lugar del sujeto existen procesos de subjetivación —configurados por diversas formas de poder—, es esa función de la universidad la que se pone en peligro porque entonces el diálogo en busca del mejor punto de vista es sustituido por las luchas por el currículo, en la selección de los académicos pasan a ser decisivos los criterios de representatividad, y el esfuerzo por la interpretación correcta de los textos es desplazada por la imaginación a la hora de leerlos. Todas estas consecuencias parecen tomadas de la parodia de Sokal, pero se escuchan a veces en los debates académicos y no es raro que ello ocurra puesto que, como hemos visto, se siguen de algún modo de las características que revisten las humanidades cuando se las exagera. ¿Significa eso entonces que las humanidades deben ser reducidas o su discurso controlado al interior de las universidades para evitar que el sentido de ellas sea socavado desde su propio interior? Por supuesto que no. Es propio de la universidad, enseñaba Kant, atesorar y producir el saber de su tiempo, a la vez que interrogar y discutir si es posible y cómo ese mismo saber. De esa índole paradójica de la universidad moderna —afirmar el saber y a la vez discutir su posibilidad— derivan todas sus virtudes y el lugar que en ella poseen las humanidades.

Por lo anterior, afirmar la índole de las humanidades, sobre todo frente a los alegatos de quienes afirman y anhelan la predominancia de la ciencia y la tecnología, al extremo de aspirar a veces a desalojarlas o reducirlas a cursos de cultura general, exige examinar, como veremos en seguida, en qué consisten ellas, de qué problemas específicos se ocupan, qué las diferencia de la ciencia y cuál es la razón de su insustituible valor.

V

BUSCAR PATRONES O DESCUBRIR SINGULARIDADES: LAS DOS CULTURAS, CIENCIA Y HUMANIDADES

Hoy día acostumbramos a distinguir entre varias formas de conocimiento o de trato intelectual con la realidad. Las denominaciones son variadas. La más obvia y conocida es la que distingue, por una parte, las ciencias en sentido estricto, lo que en la actualidad conocemos como disciplinas STEM —el acrónimo inglés con que se designa a las ciencias, la tecnología, la ingeniería y las matemáticas—, y las humanidades por la otra, donde se situarían las artes, la filosofía, la literatura, la historia. A las ciencias sociales —que se constituyeron recién hacia fines del siglo XIX— se las pone de un lado o de otro dependiendo de la forma en que se conciba su metodología. A veces, como ocurre con la versión continental de la ciencia política —por ejemplo, en la versión de Eric Voegelin, quien consideró que la ciencia política indagaba en la forma en que el orden social se legitimaba por alguna forma de trascendencia—,[1] se las asemeja a las humanidades, pero

---

[1] «Al significado existencial de la representación hay que añadir el sentido en el que la sociedad es representante de una verdad trascendente. Los dos significados se refieren a aspectos de un mismo problema en la medida en que, en primer lugar, el representante

cuando se las concibe cercana al operacionalismo —es decir, la tendencia a transformar en variables medibles los factores de la política—, se las acerca a las ciencias en sentido estricto. Algo semejante ocurre con la sociología o la antropología.

En suma, habría ciencias por un lado y humanidades por otro y el conjunto de los quehaceres intelectuales podrían ser afiliados a alguno de esos conceptos focales.

La distinción entre ciencias y humanidades es acompañada por una valoración en general favorable a la primera. Suele creerse que mientras las disciplinas STEM nos permiten conocer la realidad y tener un dominio de ella —algo que, desde luego, la tecnología parece acreditar—, ello no ocurriría con las humanidades o las ciencias sociales que, en vez de tratar con la realidad, más bien la fingirían, de modo que tan solo serían relatos ideológicos o tan solo expresiones imaginativas e inverificables que disfrazarían la realidad o pretenderían transformarla.

Y si bien este tipo de valoración de la tecnología al lado de las humanidades se ha vuelto muy popular en la

existencial de una sociedad es su líder activo en la representación de la verdad; y en la medida en que, en segundo lugar, un gobierno por consentimiento del cuerpo ciudadano presupone la articulación de los ciudadanos individuales hasta el punto de que puedan convertirse en participantes activos en la representación de la verdad a través de Peitho, a través de la persuasión. La naturaleza precisa de este problema multifacético, además, entró históricamente en el ámbito de la conciencia reflexiva a través del descubrimiento de la psique como *sensorium* de la trascendencia», en: Eric Voegelin, *The New Science of Politics*. Chicago: The University Chicago Press, 1987, p. 74.

actualidad, es también muy antigua y se remonta hacia fines del siglo xix, como lo muestra la famosa disputa sostenida, en 1880, entre T. H. Huxley —a quien se llamó «el bulldog de Darwin»— y el poeta Matthew Arnold.

En su discurso conocido como «Ciencia y cultura», pronunciado en la inauguración de un *college*,[2] el defensor de Darwin afirmaba que el avance del conocimiento científico y tecnológico y su creciente impacto hacían que el tipo de educación literaria celebrada por Petrarca, Erasmo, Valla, los héroes del Renacimiento y sus portavoces modernos fuera, en la práctica, obsoleta. El espacio de tales actividades en la educación universitaria, argumentaba, debía circunscribirse y ojalá reducirse en favor de la educación científica que servía como medio para comprender la cultura, e incluso proveía las herramientas para crearla. Sin estar apertrechadas de ciencia, dijo, las sociedades perderían la batalla del progreso. Pero Arnold no estaba convencido. Al responder a Huxley observó, como quedó consignado en su ensayo «Literatura y ciencia», que el conocimiento de la Antigüedad griega, romana y oriental, era imprescindible para lo que llamó «progreso espiritual», que él entendía como una búsqueda existencial y sin fin del significado. Si no contáramos con las humanidades, concluía, el mismo progreso técnico carecería de sentido.[3]

---

[2]   T. H. Huxley, «Science and Culture», en: *Science and Culture and Other Essays*. Nueva York: Appleton, 1882, pp. 7 y ss.

[3]   Matthew Arnold, «Literature and Science», *The Nineteenth century: a monthly review*, vol. 12, núm. 66, 1882.

No quedó allí ese debate, como lo prueba el hecho de que años más tarde, y ya entrado el siglo xx, lo hizo renacer el novelista y científico C. P. Snow en su conferencia sobre las dos culturas.[4]

Snow se quejó de que los humanistas, empeñados en esparcir la cultura meramente libresca, pretendieran que esta sola encarnase la cultura con mayúsculas y de esa forma tuvieran a su cargo «administrar la sociedad occidental». Para él, los científicos son los adelantados del progreso, y los humanistas, los literatos o los llamados intelectuales, una legión de eruditos que corren el riesgo a poco andar de convertirse en una rémora, al sostener, con una porfía cercana a la soberbia, la preponderancia del humanismo literario en pleno auge de la revolución científica. A esta tesis de Snow replicó Frank R. Leavis,[5] entonces prestigioso profesor de Cambridge. La cultura, dijo Leavis, reprimiendo la molestia que asoma en su respuesta, no es una simple acumulación de conocimientos librescos con valor de uso inmediato, o cosas que se adquieren por la simple vía de gastar horas en una biblioteca, sino una actividad de enriquecimiento espiritual, de humanización consistente en hacer brotar una dimensión de la existencia que de otra manera se apaga y se ensombrece. La mera información se desliza de manera

4   C. P. Snow, *The Two Cultures and The Scientific Revolution*. Nueva York: Cambridge University Press, 1961.
5   F. R. Leavis, *Two Cultures? The Significance of C. P. Snow*. Cambridge: Canto Classics, 2013.

superficial por la existencia —arguyó— si no cuenta con la experiencia reflexiva que llamamos cultura.

Mientras C. P. Snow aspiraba a acercar cada vez más la universidad a la ciencia y la técnica, alejándola de las humanidades, Leavis era de la opinión de apartarla de toda enseñanza utilitaria para permitirle, sin distracción alguna, impartir los conocimientos humanísticos más imprácticos, como las lenguas clásicas, las religiones extinguidas, la literatura y la filosofía.

Hoy día ese debate se repite, y casi con iguales argumentos.

Se teme que las humanidades escondan puntos de vista puramente ideológicos bajo el ropaje de la neutralidad académica, e incluso que algunos de sus puntos de vista socaven los mismos ideales universitarios al poner en duda, por ejemplo, que la verdad exista o que la misma racionalidad sea un rasgo común a la condición humana. En esos temores resuena también la cautela del filántropo Josiah Mason, quien ordenó que el *college* que encargaba fundar —el origen de la actual Universidad de Birmingham— y en cuyo honor Huxley leyó su discurso sobre ciencia y cultura, estuviera ajeno a cualquier punto de vista partidista, a la teología y en especial a la literatura. Hoy ese temor se repite y a fin de disiparlo se dice que las humanidades, incluso cuando albergan disputas radicales que descreen del mismo ideal racional, proveen mejoras en la capacidad reflexiva de los seres humanos, ayudándoles a ser más tolerantes, mejores ciudadanos o incluso más conscientes de su propia condición. Lo que dijo Heidegger de la filosofía —es probable que con la filosofía no se pueda hacer nada, pero quizá ella haga algo con nosotros— se esgrime en este caso a favor de las humanidades, como ocurre en el conocido ensayo de Martha Nussbaum.[6]

Sin embargo, y antes de examinar la importancia relativa de las humanidades frente a la ciencia, para esclarecer si estas valen o no la pena, quizá sea útil comenzar preguntando sobre qué reposa esa distinción. ¿Qué hace, en otras palabras, que la ciencia sea un quehacer distinto, radicalmente distinto como a veces se piensa, al que llevan a cabo las humanidades?

Una somera revisión de lo que se ha escrito sobre el tema —y se ha escrito mucho— muestra que hay dos formas de fundamentar esa división: una sugiere que el objeto al que uno y otro quehacer se refieren es distinto; la otra, en cambio, asevera que no es el objeto, sino la metodología que en cada caso se emplea, lo que las diferencia.

Giambattista Vico, el autor de la *Ciencia nueva*, y Wilhelm Dilthey, quien escribió *La introducción a las ciencias del espíritu*, pensaron que lo que hoy llamamos humanidades no era sino el esfuerzo por conocer una realidad peculiar, distinta a la naturaleza. Ambos creyeron que si bien los seres humanos pertenecíamos a esta última y era necesario conocer lo que de ella había en nosotros, ello no era suficiente para esclarecer los acontecimientos

---

[6] Martha Nussbaum, *Sin fines de lucro*, *op. cit.*; y también: *El cultivo de la humanidad*, *op. cit.*

humanos. ¿Qué era lo peculiar del acontecer del individuo humano que lo separaba de la naturaleza e impedía que, al indagar solamente en esta última, se le conociera a él y a sus obras? Vico y Dilthey, separados por más de un siglo, coincidieron en una cosa: los hechos humanos, las cosas que eran producto del quehacer de hombres y mujeres, tenían la particularidad de que en ellas subyacía un factor de incertidumbre que al parecer era el resultado de una cierta intencionalidad. A diferencia de lo que ocurre con el animal o con una piedra, que están guiados por una regularidad de la que no pueden escapar —en la naturaleza todo es repetición—, los hechos humanos, observaron, están tejidos de intenciones y anegados de historia y de tiempo, de manera que sin tenerlos en consideración es imposible aprehender su realidad.

Esa característica de lo humano —su carácter «histórico-social», como subrayara Dilthey— plantea un severo problema al conocimiento, acerca del cual ya había llamado la atención Vico. ¿Cómo sería posible adquirir un conocimiento universal y eterno, el ideal en que él creía siguiendo a Descartes, de algo tan huidizo como lo humano, tan particular, tan idiosincrásico, como el acontecer humano, según lo probaba el hecho de que todas las épocas, sus guerras, sus pactos, los pueblos que los celebraban y luego traicionaban, sus triunfos y sus ruinas, eran distintos?

Para Vico hay dos estados epistémicos, dos grados de conocimiento. Uno de ellos es la verdad, el otro es la certeza. La primera atinge a lo universal y eterno —según había dicho Aristóteles— y la segunda es la conciencia de lo particular. Los filósofos se ocupan de lo primero, pero sus conclusiones son insuficientes en la medida que no dan particularidad a sus razonamientos; la realidad humana se les escapa puesto que ella requiere el conocimiento de lo particular. Nada sacamos, sugiere, con saber, por ejemplo, que todos los pueblos poseen un vínculo que los une, una misma conciencia colectiva, si no sabemos cómo se originó ese vínculo, cuál es la orientación que transmite a quienes participan de él, etcétera. Esto último solo podemos saberlo gracias a la filología, que es como él va a llamar a la historia:

> La filosofía contempla la razón, de donde procede el conocimiento de lo verdadero; la filología observa aquello de lo que es autora la elección humana, de donde procede la conciencia de lo cierto.[7]

Así, entonces, la nueva ciencia debe relacionar a la filosofía con la historia, el conocimiento de leyes universales y eternas con la forma particular en que ellas se realizan. Ese vínculo entre lo universal y lo eterno, va a sugerir Vico, viene exigido porque en la historia se entrelazan, por decirlo así, dos intencionalidades: por un lado, una de carácter mezquina, que entregada a sus anchas «destruiría sin duda a toda la humanidad sobre la faz de la

---

[7]   *The New Science of Giambatista Vico*. Ithaca: Cornell University Press, 1984, X, 138, p. 63.

tierra»,[8] puesto que los individuos son «feroces, avaros y ambiciosos» y por eso la historia —como va a insistir más adelante Kant— parece a veces un escenario de «locura y vanidad infantil»; pero, por otra parte, habría en la historia, creyó Vico, una cierta finalidad, una cierta orientación que se sirve de los fines estrechos de los hombres para realizarse:

> Es verdad que los hombres han hecho por sí mismos este mundo de naciones [...] pero este mundo sin duda ha surgido de una mente distinta, a veces contraria, y siempre superior a los fines particulares que los hombres se han propuesto para sí mismos. Estos fines, hechos medios para servir los fines más amplios, siempre se han empleado para preservar la raza humana sobre la tierra.[9]

La realidad humana que la nueva ciencia puede inteligir es así —como insistirán Kant, o más tarde Tolstoi, o como antes había dicho san Agustín— un misterio en el que se entrelazan la providencia y el libre albedrío. Por eso conocer los asuntos humanos exige compatibilizar lo universal con lo particular, las grandes líneas perennes del acontecer, con ese magnífico factor de incertidumbre que es la libertad. Y ello exige que el individuo humano vuelva de manera reflexiva sobre sus propias obras hasta reconocerse en ellas.

---

[8]   Ibídem, VII, 132.
[9]   Ibídem, p. 1108.

El problema centrado en la relación entre las ciencias humanas y las ciencias de la naturaleza y que tuvo su primera gran tematización a partir de la obra de Giambattista Vico estará, como decíamos, en el centro de la historia intelectual del siglo XIX.

Cuando a fines del XIX Dilthey agrupó las ciencias sociales y una parte de las humanidades —como la historia— bajo la categoría de «ciencias del espíritu», no fue solo un simple cambio de denominación. En una obra que todavía hoy posee actualidad —y que influyó a autores como Heidegger, Husserl, Weber u Ortega—, Dilthey abogó por el rechazo de la metafísica y su sustitución, en cambio, por lo que llamó una filosofía empírica. Había, pues, que ir a los hechos, abandonando las explicaciones religiosas o similares que intentaban inteligir la totalidad de lo existente bajo un solo principio. Pero ¿qué hechos podrían ser esos que permitirían hacer ciencia y, al mismo tiempo, una distinta a la que entonces era indiscutida? ¿Acaso no es la materialidad del mundo y de nosotros, el cuerpo que envejece, todo lo que tenemos para conocer?

Dilthey, siguiendo en esto la opinión general de su época, pensó que toda la realidad se encuentra mediada por las condiciones de la conciencia. De este hecho extrajo la conclusión de que solo la reflexión sobre los fundamentos psicológicos sería capaz de fundar la objetividad del conocimiento. El padre de las ciencias del espíritu creía que todas las ciencias se fundan en la experiencia, pero esta no es solo un estado pasivo de nuestra mente que recibe datos sensoriales como una cera en la que la sensibilidad deja sus huellas. Todas las experiencias se encontrarían interconectadas con las condiciones de nuestra conciencia en las que se almacenan. En este sentido, Dilthey creía que la tarea de las ciencias del espíritu era analizar los datos de la conciencia humana.[10]

Al reparar en la realidad en medio de la que nos desenvolvemos, podemos observar, sostuvo Dilthey, que una cosa es lo que percibimos externamente por medio de los sentidos, y otra cosa, distinta, sería «la aprehensión interna de nuestro mundo psíquico» a la que accedemos mediante la reflexión. Entre ambos hay una distancia inconmensurable que impide que podamos deducir del mundo exterior, del mundo en derredor y lo que en él percibimos, del orbitar de los astros que nos maravillan o de las penurias del cuerpo que nos duelen, el mundo interior, las vivencias que brotan en nosotros a partir de esas experiencias.

---

[10] «Así surge un campo peculiar de experiencias que tiene su origen propio y su material en la vivencia interna y que, por lo tanto, es objeto de una ciencia empírica especial. Y mientras uno no sea capaz de afirmar que puede deducir y explicar mejor el conjunto de pasiones, figuras poéticas, meditaciones que nosotros designamos como vida de Goethe, por medio de la estructura de su cerebro y de las cualidades de su cuerpo, no se podrá negar la posición autónoma de semejante ciencia. Como lo que se nos da lo es por medio de esta experiencia interna, y lo que tiene valor para nosotros o lo que es un fin se nos presenta como tal en la vivencia de nuestro sentimiento y de nuestra voluntad, resulta que en esta ciencia se hallan los principios de nuestro conocimiento que determinan hasta qué grado la naturaleza puede existir para nosotros, los principios de nuestra acción que explican la existencia de fines, medios, valores en que se funda todo trato práctico con la naturaleza», en: Wilhelm Dilthey, *Introducción a las ciencias del espíritu*. México D.F.: FCE, 1949, p. 17.

Todas esas experiencias son transfiguradas al pasar por el tamiz de nuestra interioridad, transformadas por el sentido que les atribuimos, un sentido que ninguno de los hechos que presenciamos o padecemos y que nos arrastran en su causalidad, sea el temblor o la enfermedad, permiten explicar o inducir:

> nuestra imagen de la naturaleza entera se ofrece como mera sombra arrojada por una realidad que se nos oculta, mientras que la realidad auténtica la poseemos únicamente en los hechos de conciencia que se nos dan en la experiencia interna.[11]

Así surge un campo peculiar de experiencias que tiene su origen propio y su material en la vivencia interna y que, por lo tanto, es objeto de una ciencia empírica especial. No es posible, al menos hasta ahora —observa Dilthey con cierta ironía—, deducir y explicar la obra de Goethe,[12] sus pasiones, las figuras poéticas que construye o las meditaciones que lleva a cabo, a partir de la estructura de su cerebro y las cualidades de su cuerpo, y mientras ello no ocurra no es posible, concluye, negar la autonomía del espíritu y de la ciencia que se ocupa de sus productos.

Para Dilthey, lo humano como tal está constituido por la valoración que hacemos de las cosas y los fines que nos proponemos, que explican que cada individuo, cada

---

[11]   Ibídem, p. 5.
[12]   Ibídem, p. 17.

época, sea un acontecimiento único frente a cualquier otro. De ahí el ejemplo de Goethe o el de Baudelaire, al que mucho más tarde va a recurrir Sartre. Si no es posible deducir las pasiones, los temores, los sueños y las meditaciones de Goethe, o de Baudelaire, o de cualquier otro, a partir de la estructura de su cerebro o las características de su cuerpo, entonces no cabe duda —esta es la conclusión de Dilthey— de que tendrá que haber una ciencia distinta, la del espíritu, capaz de ocuparse de ello. ¿Y cuál sería el método de una ciencia como esa? Se trata, va a decir Dilthey, de la hermenéutica. Para Dilthey, la realidad del hombre y sus obras es comparable a un texto literario que ha de ser interpretado. No es tan solo un objeto en blanco —o una página en blanco a la que debamos adscribir un sentido—, sino una fuente de significado que se nos revela. El presupuesto hermenéutico es que la realidad nunca existe independientemente del observador humano. La gran intuición de Dilthey sería entonces que la realidad «se revela como un texto», uno escrito en una variedad de soportes tales como la conducta, los artefactos, las construcciones arquitectónicas, el derecho y las estructuras sociales, un conjunto de formas simbólicas mediante las cuales el ser humano revela su comprensión del mundo.[13] Dilthey considera la realidad como un texto por ser interpretado por el individuo humano y a la existencia concreta como la interpretación

[13]   Ilse Bulhof, *Wilhelm Dilthey. A Hermeneutic Approach to the Study of History and Culture*. Londres: Martinus Nijhoff, 1980, p. 55.

vivida de ese texto, una idea que tendrá gran influencia en Heidegger, en Gadamer o en Derrida y en el conjunto de las humanidades contemporáneas.[14]

¿Será verdad, entonces, que la tecnología aventaja a las humanidades y que, como sugirió Snow en su hora o Huxley, es aconsejable privilegiarla? Parece que no, porque si Dilthey y quienes le siguen tienen razón, de hacerlo seríamos más eficaces en la manipulación del mundo; pero acabaríamos, como lo advirtió Arnold, sin comprender lo que hacemos, marionetas ciegas incapaces de leer el texto que, al vivir individual o colectivamente, vamos escribiendo.

A una conclusión similar se llega cuando se examina la otra forma de caracterizar las humanidades, aquella que pone el acento no en el objeto al que estas se referirían, sino en el método empleado al estudiarlo.

Si bien es casi un lugar común —derivado en parte del anterior punto de vista— caracterizar a las humanidades como quehaceres interpretativos que buscan la singularidad y a la ciencia en sentido estricto como dedicada a la búsqueda de patrones, de reglas o leyes generales que rigen el acontecer, un examen histórico del conjunto de quehaceres reunidos bajo el nombre de humanidades mostraría que ellas son el origen de ambas formas de comprender la realidad, de manera que incluso la ciencia sería deudora de las humanidades.

---

[14] Véase: Charles Bambach, *Heidegger, Dilthey, and the Crisis of Historicism.* Ithaca: Cornell University Press, 1995.

Ambas formas de asomarse a la realidad —tanto la búsqueda de patrones como de singularidades— se habrían originado a partir del examen de los textos. La primera vez que, según sabemos, se agruparon miles de ellos, poniendo al alcance de los eruditos y los estudiosos copias de copias, reiteraciones aparentes de un mismo texto o testimonios de obras en principio orales, como ocurría con los textos atribuidos a Homero, fue en la biblioteca de Alejandría y más tarde en Pérgamo, a donde llegaron miles de manuscritos y despojos de ellos. Es fácil imaginar el desconcierto de quienes se inclinaban sobre esas obras, entrecerraban sus ojos para ver mejor e intentaban leerlas y desentrañar lo que decían. ¿Qué había dicho tal o cual autor? La pregunta no podía responderse revisando esos textos puesto que había decenas, si no cientos, que decían ser el mismo texto y, sin embargo, eran distintos; había errores de copia, glosas, anotaciones, textos que presumían ser, no obstante, el mismo. Este problema, que está en la base de lo que se llamó filología desde temprano y hasta la instalación de la Universidad de Berlín, enseñando de paso que la filología y su empeño en dilucidar textos es la base de las humanidades, dio origen a dos métodos distintos que, hasta hoy, ejemplifican lo que llamamos investigación: la búsqueda de *modelos* o *patrones* y la búsqueda de *singularidades* mediante la interpretación. En el continuo de la experiencia, en los textos que leemos, esa multitud de copias de copias que llegan hasta nosotros y amenazan con enceguecernos, ¿cómo saber cuál es el original que merece nuestro estudio y nuestra ceguera? ¿Acaso el original no existe y todos son esfuerzos por remedar algo que debemos descubrir? En las estrellas que caen, en los días que pasan, en las enfermedades que padecemos, ¿hay algún patrón subyacente que nos ayude a predecirlas?

Ese tipo de preguntas, o de perplejidades, dan origen desde el inicio a dos métodos en las humanidades, uno de los cuales, desde luego, pervivirá en la ciencia. Ambos tiene su origen en la controversia entre los analogistas de Alejandría y los anomalistas de Pérgamo.[15] Conviene detenerse por un momento en este capítulo de la historia de las ideas porque muestra de qué forma las humanidades son desatadas por la perplejidad que producen los textos y su búsqueda de significado.

A Aristófanes de Bizancio —a quien se debe la invención del guion para denotar la división de una palabra, la coma y el punto y otras simbologías hasta hoy habituales que preservan el ritmo y la métrica— se atribuye una obra sobre analogía o regularidad gramatical. El erudito helénico se esforzó por determinar las reglas normales de la declinación griega, llamando la atención sobre las reglas generales de inflexión regular —los cambios de

---

[15]   Para lo que sigue, véase en especial el clásico de John Edwin Sandys, *A Short History of Classical Scholarship from the Sixth Century BC to Present Day*. Cambridge: Cambridge University Press, 1915 (a pesar de ser «breve» cubre un total de 482 páginas); y también: Rens Bod, *A New History of the Humanities. The search for principles and patterns from the antiquity to the present*. Oxford: Oxford University Press, 2013; R. Pfeiffer, *History of Classical Scholarship. From the beginning to the end of hellenistic age*. Oxford: Clarendon Press, 1998; Diego Lanza y Gherardo Ugolini, *History of Classical Philology*. Berlín: De Gruyter, 2022.

las palabras que indican su distinta función gramatical como género o tiempo verbal— más que sobre las formas irregulares y excepcionales. Con ello fundaba el método analógico. Si se lograba establecer que una palabra desconocida se conjugaba o declinaba de la misma manera que una conocida, entonces se la podía considerar arcaica y no corrompida.[16] Uno de sus sucesores fue Aristarco de Samotracia, quien vivió en Alejandría durante el reinado de Ptolomeo Filometor. Sus comentarios llenaron no menos de ochocientos volúmenes, en parte como notas para conferencias, en parte como obras acabadas. Escribió tratados críticos sobre obras como la *Ilíada* y la *Odisea*, sobre el campamento naval de los aqueos, y sobre Filetas y Xenón. Fue uno de los primeros gramáticos que reconoció ocho partes de la oración: sustantivo, verbo, participio, pronombre, artículo, adverbio, preposición y conjunción. Como gramático, mantuvo el principio de analogía, en oposición al de anomalía.[17] Se opuso a ese método Crisipo de Soli, quien escribió cuatro libros sobre la «anomalía», siendo el primero en utilizar el término en sentido gramatical, como opuesto al de «analogía». Mientras los partidarios de la «analogía» enfatizaban las reglas aplicables a las formas de las palabras, los partidarios de la «anomalía» insistían en las excepciones y procuraban interpretarlas.

Más de veinte siglos más tarde, Wilhelm Windelband, discípulo en algún sentido de Kant, pronunció un

---

[16]   John Edwin Sandys, *op. cit.*, p. 38.
[17]   Ibídem, p. 41.

discurso con motivo de haber sido electo como rector en la Universidad de Estrasburgo, en 1894.[18] En su alocución pretendió establecer un principio de legitimidad para la historia como disciplina. ¿Cómo podría fundarse la historia como disciplina, y con ella las humanidades, si los historiadores parecen ocuparse de lo contingente y de lo arbitrario y no, en cambio, de lo necesario y regular? Al responder esa pregunta, Windelband se inscribía en la tradición que realizó la distinción instalada siglos atrás entre analogistas y anomalistas, los que buscaban patrones repetitivos y los que, en cambio, indagaban en las excepciones. Es lo que Windelband expuso como la distinción entre ciencias nomológicas y ciencias ideográficas, que reiterará a su modo más tarde Heinrich Rickert al distinguir entre ciencia natural y ciencia cultural.

¿Cómo podría ser una ciencia la historia si se ocupa de lo fugaz, de lo que ha huido con los días? La posibilidad de la historia como ciencia, se responde, depende de un principio de selección que diferencie la historia del mero acontecimiento. El conocimiento histórico no puede ser acerca de todo lo que sucede, el historiador no puede llevar a cabo su tarea reproduciendo o intentando reproducir la amalgama infinita de lo que ha acaecido, de lo que tanto repetirse se degrada; él solo puede ocuparse

---

[18]   Para lo que sigue, véase: Wilhelm Windelband, «Rectorial Address», Strasbourg, 1894, reproducido en: *History and Theory*, vol. 19, núm. 2, 1980, pp. 169-185.

de lo que resulte significativo como consecuencia de su relación con los valores humanos y el proceso histórico «solo tiene valor si es único»:

> todo interés y juicio, toda atribución de valor humano se basa en lo singular y único. No hay más que ver con qué rapidez se aplacan nuestras emociones cuando su objeto se multiplica o se convierte en nada más que un caso entre miles de otros de la misma clase.

Hay, pues, disciplinas nomotéticas que establecen patrones, regularidades, repeticiones, y disciplinas ideográficas. De esta distinción derivarían dos tipos de causalidad:

> En un sentido —el sentido nomotético de la causalidad— la causa de una explosión reside en la naturaleza del propio material explosivo, expresada como leyes físicas y químicas. En el otro sentido —el sentido idiográfico de la causalidad— reside en un único acontecimiento o movimiento, una chispa, un choque o algo similar.

No es difícil ver en el punto de vista de Windelband, *mutatis mutandis*, la misma distinción que hacían, veinticuatro siglos antes de ese discurso, los filólogos cuando, inclinados sobre los textos, y entrecerrando los ojos para poder discernir qué era original y qué glosa o qué copia, discutían si ello podría dilucidarse buscando los patrones subyacentes o, en cambio, la excepción y la originalidad que merecían ser interpretadas.

Y todo ello conduce al problema de la relación entre lo particular y lo universal.

Cuando nos preguntamos qué y cómo logran significar las palabras, o nos detenemos en si es posible —y cómo— narrar cosas que ocurrieron, estamos también intentando dilucidar algunas de las cuestiones que atraviesan el debate contemporáneo y se cuelan por casi todos sus intersticios. Se trata de la relación entre lo particular y lo universal —si digo que tal cosa es inmoral, ¿eso vale para todos los seres humanos en cualquier tiempo y lugar o solo para quienes comparten mi cultura?— y la relación que tenemos con lo que llamamos realidad —¿existe una realidad objetiva a la que podemos aludir con el lenguaje o este último es el que configura a la realidad?—.

Cada ser humano está situado en un punto del tiempo y del espacio, en una cultura específica. Y, sin embargo, lo que decimos o discutimos, así como las cosas que nos preocupan, pretenden trascender la particularidad en la que estamos situados. Decimos, por ejemplo, que la tortura es moralmente incorrecta y al decirlo no solo lo decimos para quienes comparten nuestra particularidad sino para todo sujeto posible, de cualquier tiempo y cultura. En otras palabras, proferimos enunciados desde una particularidad, pero pretendemos que posean validez universal. Algo semejante ocurre con nuestra relación con la realidad. Accedemos a ella mediante la experiencia, pero si esta última se encuentra en cada caso cercada por el tiempo y la cultura, ¿cómo podemos entonces tratar con lo real en sí mismo?

Las consecuencias que se siguen de ese tipo de debates son de muy largo alcance y afectan muy de cerca la forma que tenemos de concebir nuestra convivencia y el valor que conferimos a cosas tan valiosas como la democracia o la racionalidad. Las humanidades no logran zanjar estos debates de manera definitiva e incluso en muchos casos los agudizan, pero sin las humanidades es imposible comprender esos problemas y estar alerta frente a sus consecuencias.

Al mismo tiempo, ninguno de esos debates, o la comprensión que tengamos de los mismos, es ajeno a la vida que tenemos. Esto muestra que los temas de que se ocupan las humanidades tienen incluso más importancia práctica que la innovación tecnológica porque las primeras atingen a la manera en que concebimos nuestra propia condición y la forma de relacionarnos. Así, no es del todo cierto que las disciplinas STEM sean más decisivas para la vida que tenemos que la reflexión, digamos, sobre la cultura. Una innovación tecnológica puede, desde luego, estirar la vida biológica; pero la forma en que concebimos el lenguaje puede modelar la forma en que concebimos nuestra propia existencia.

Por eso no es casualidad que las ideas de derechos humanos y de dignidad personal comenzaran a expandirse por el mundo a parejas con la aparición de lo que hoy conocemos como la novela moderna. En el siglo XVII la experiencia individual comienza a reemplazar a la tradición colectiva como el último árbitro de la realidad. Como explica Ian Watt en sus estudios sobre el origen de la novela, Daniel Defoe[19] inició una nueva tendencia en la ficción análoga a lo que Descartes había hecho en filosofía cuando dijo «pienso, luego existo». La novela aparece como un relato de la originalidad de cada experiencia humana, la que se cuenta con todos los detalles concernientes a la individualidad de los personajes y el tiempo y lugar donde acontece la acción y todos esos detalles son presentados con un empleo predominantemente referencial y no alegórico del lenguaje, procurando presentar el habla tal como se da en la vida vivida. En suma, en la novela comienza a aparecer una imagen de la vida humana que hasta ese momento carecía de reconocimiento: la vida conducida por el mismo sujeto que la vive.

Homero, por ejemplo, nos dejó un testimonio de una forma de vida que, aunque en algún sentido dio origen a parte de la nuestra, nos es hoy día paradojalmente distante. En la *Ilíada* se narran —quizá debiera decir que se *cantan*— acontecimientos que, a la vez, nos causan fascinación y horror. En esta los hombres aparecen ejecutando un guion que un conjunto de dioses, promiscuos y violentos, han deliberado, de manera que cada individuo, sin poder torcer su destino, es solo capaz de erguirse ante él con cobardía o, en cambio, con el heroísmo que hace a Aquiles todavía digno de recuerdo. «No se olvidan de ti los dioses inmortales», escribió Homero, haciendo así explícito el principio con el que tejió la vida de cada uno

---

[19] Ian Watt, *The Rise of the Novel*. California: University of California Press, 2001, p. 15.

de sus personajes. Casi veintisiete siglos después, un escritor a quien le repugnaban las leyes imagina un incidente en la vida de Josef K., quien, sin saber cómo ni por qué, es sometido a un proceso incomprensible, que él no puede, en lo más mínimo, controlar, que lo sume en el desconcierto y que, de allí en adelante, es tenido como un paradigma del abuso a que los individuos, los hombres y las mujeres, podemos ser sometidos.

Mientras el poeta ciego canta como cosa sublime la vida azarosa de quienes no pueden controlar sus destinos, Franz Kafka vio en Josef K., en ese sujeto cuya vida se le había ido de pronto de las manos, un resumen de la angustia y la amenaza.

¿Qué concepción de sí mismos tenían los contemporáneos de Homero, para ver en esas vidas azarosas e, incluso violentas, una forma de la excelencia y cuál es la concepción del hombre que vemos negada y maltrecha en el proceso afiebrado y pesadillesco de Josef K.? Es obvio que la de Homero es una visión que hoy día llamaríamos heroica, donde no es la violencia lo que repugna, sino la falta de honor, donde no es la autonomía lo que se desea, sino, en cambio de todo eso, la excelencia en la ejecución de un guion divino. Y tal vez por eso —porque los seres humanos de los que canta Homero se concebían así— es que tenían a esas instituciones por justas y por buenas. Pero no es ese el caso de Kafka. Para este, *El proceso* es un remedo irónico de aquello a que el hombre podría, en su época, aspirar: ser tratado con una dignidad intangible, provisto de derechos que lo inmunizan frente al poder del Estado.

Por supuesto el poema de Homero no dio forma a la vida de los griegos del siglo v a.C., ni la de Kafka a la nuestra; pero ambas nos enseñan una cierta forma de concebir la condición humana y la forma que el individuo humano tiene de imaginarse a sí mismo.

Otro ejemplo de la relevancia que para nuestra vida práctica poseen las humanidades como reflexión acerca de la cultura, y de las consecuencias nada inocentes que ellas, cuando se expanden, pueden producir, se encuentra en el ámbito político.

Hoy día, por ejemplo, es muy popular la tesis de la descolonización. En esta se afirma que, junto a la dominación económica y política de los pueblos europeos sobre los originarios de la región latinoamericana, habría una dominación epistémica. Con ello se quiere decir que la dominación estaría instalada también en nuestra forma de concebir nuestro trato con lo real y la racionalidad que la acompaña. Habría, pues, otros tipos de racionalidad derivadas de otras constelaciones culturales que sobreviven por debajo de la cultura dominante que podrían ser revividas. No existiría pues una racionalidad sino varias y múltiples, algunas de las cuales simplemente tendrían predominancia sobre las demás. Los procesos de autonomía política del siglo XIX y XX habrían liberado a los pueblos, en especial los latinoamericanos, de la dominación política, y a veces incluso de la explotación económica, pero no los habrían liberado de la hegemonía o la dominación epistémica, puesto que las cosmovisiones de los pueblos originarios seguirían relegadas, escondidas, circunscritas al sitio donde se arrinconan, continúa este punto de vista, junto al folklore y las supersticiones. Descolonizar implicaría, entonces, rescatar las múltiples cosmovisiones de los pueblos originarios que habrían quedado silenciadas por la jerarquía colonial establecida por la racionalidad europea moderna, desde la medicina al derecho.

Leer literatura, a Homero, Kafka, Marías o cualquier otro, no es una forma de distracción o de aligerar la vida cotidiana —o huir del infierno doméstico—, sino una manera de asomarse de forma reflexiva a formas de vida que no son las nuestras, algunas incluso de nadie, y experimentar la contingencia de la realidad y de las diversas formas en que la condición humana logra instalarse en ella para sentirse, siquiera por momentos, a sus anchas. Y esforzarse por comprender los problemas que plantean la racionalidad y el lenguaje no es un asunto que concierna solo a los filósofos, sino que importa a todos, puesto que atinge a la forma de concebir la convivencia y nada menos que la racionalidad.

Para mostrar de qué forma esos problemas asoman en la reflexión de las humanidades, examinemos ahora con algún detalle el problema del lenguaje y del conocimiento histórico, en ese mismo orden.

VI

LAS PREGUNTAS DE LAS HUMANIDADES: EL MISTERIO DEL LENGUAJE

Cuando el ser humano se asoma a la experiencia del mundo en derredor al principio no distingue entre el lenguaje y la realidad. Todo se le aparece como una amalgama indisoluble. Esta visión más o menos mítica del lenguaje, que antecede a la reflexión filosófica respecto de este, es del todo comprensible si se atiende al hecho de que el individuo humano se encuentra con el lenguaje ya completo apenas adquiere la conciencia de sí mismo y no lo experimenta como una creación suya, sino como parte del mundo en el que comparece y al que el lenguaje configura:

> El hombre, en efecto, nace en una sociedad o contorno formado por otros seres humanos, y una sociedad es, por lo pronto, un elemento de gestos y de palabras en medio de los cuales se halla sumergido. No es arbitrario llamarlo «elemento» porque posee buen derecho a ser adjuntado a los cuatro tradicionales. Pues bien, todos los demás «mundos» que pueda haber, desde el físico hasta el de los dioses,

son descubiertos por el hombre mirándolos al trasluz de un enrejado de gestos y palabras humanos.[1]

La unidad y permanencia de lo que existe aparece, así, como resultado de la unidad e indestructibilidad del lenguaje —o más generalmente del habla—. Para la especulación religiosa que parece acompañar a todas las culturas, el poder de la palabra aparece con un efecto demiúrgico porque detrás de la palabra que se pronuncia aquí y ahora ha de haber, se pensó, una palabra primordial que lo sostiene todo.

Sin embargo, la reflexión filosófica acerca del lenguaje, la primera de todas la de Heráclito de Éfeso según sabemos por los fragmentos que han llegado hasta nosotros,[2] principia a ver en él un orden inmanente, una cierta legalidad que constituye el orden oculto de la realidad. Así en el fragmento 94 observa que el sol no traspasará sus medidas; de otra forma las Erinnias, ministras de la justicia, lo agarrarían. Hay pues un sentido en todo lo existente, incluido el lenguaje, y este, como observa Cassirer,[3] es el punto de partida de la reflexión filosófica, la sospecha de que en el continuo de lo que existe no subyace un capricho, sino un sentido o significado que urge develar:

---

[1] José Ortega y Gasset, «Nota preliminar a la teoría de la expresión de Karl Bühler», en: *Obras Completas*. Tomo VI. Barcelona: Taurus, 2017, pp. 598-599.

[2] Rodolfo Mondolfo, *Heráclito. Textos y problemas de su interpretación*. México D.F.: Siglo XXI, 1971.

[3] Ernst Cassirer, *Filosofía de las formas simbólicas. El lenguaje*. México D.F.: FCE, 2016.

la conexión invisible es más fuerte que la visible, como observa también Heráclito en el fragmento 54. Las palabras consideradas de forma aislada conllevan equívocos e incluso a veces se contradicen unas a otras, pero el conjunto del lenguaje sugiere, revela un significado al que, si descorremos el velo de la apariencia, podríamos acceder.

Pero muy pronto, a partir de esa constatación, de esa sospecha de significado que el lenguaje ocultaría, se plantea una pregunta que orientará buena parte de la reflexión futura: ¿acaso ese significado del que son portadoras las palabras es el resultado de un vínculo esencial entre ellas y las cosas a las cuales se refieren o, en cambio, las palabras son simples mediadoras del conocimiento que tenemos de la realidad a la que entonces nombramos de manera convencional? ¿Se trata de fichas que ponemos sobre las cosas y los acontecimientos del mundo, meras etiquetas, o hay entre ellas y aquello a que se refieren un lazo invisible que nos convendría conocer?

Al hablar y entendernos por medio del lenguaje accedemos a un mundo que nos es común, y que se encuentra fuera de nuestra conciencia —como va a observar Frege hacia fines del siglo XIX, y más tarde Putnam, «los significados no están en la cabeza»—.[4] El mundo que tenemos en común sería un mundo construido por signos y por símbolos independiente de nuestra experiencia

---

4 Véase: Gottlob Frege, *The Foundations of Arithmetic*. Illinois: Nothwestern University Press, 1980, en especial su introducción; y también: Hilary Putnam, «Meaning and Reference», *The Journal of Philosophy*, vol. 70, núm. 19, 1973, pp. 699-711.

psicológica. Mire en derredor suyo: ¿qué ve? Casas, iglesias, supermercados, colegios, universidades, aceras. Ninguna de esas cosas en derredor suyo son hechos brutos o naturales, sino que la realidad de todas ellas —ser iglesia, supermercado, colegio o una casa— *proviene del significado* de que son portadoras, del sentido que les subyace. Si atendiéramos a su pura materialidad, el espacio sagrado de una iglesia en nada se diferenciaría de un mercado. La diferencia que media entre ambos proviene del sentido, como lo prueba el hecho de que si este último se retira, solo queda una materialidad desnuda y profana que igual puede acoger —como ocurre en tantas ciudades secularizadas— un mercado o un centro de conciertos. Este es el misterio de los signos y los símbolos, de los que el lenguaje es la muestra por antonomasia. Ese misterio parece envolvernos por completo e inundar nuestra existencia hasta constituir un problema tanto o más enigmático que cualquiera de los problemas de los cuales se ocupa un científico natural y ello porque atinge a la índole misma de nuestra condición.

Ese es el problema que muy temprano llama la atención de los seres humanos, hasta el extremo de que no pueden apartar la vista y la atención de este y dedican su vida a examinarlo. Se trata de un problema tan persistente que permitiría un diálogo común entre un griego del siglo v a.C. y un profesor de humanidades de hoy.

Hacia el siglo vi a.C. Heráclito de Éfeso —de quien Diógenes Laercio dice que era un hombre de aspecto melancólico— se planteó ese problema y sugirió que entre las palabras y las cosas que ellas designaban existía un vínculo esencial. Un contemporáneo suyo, Hecateo de Mileto, lo contradijo y observó que, en realidad, las palabras significan porque son el precipitado de una larga experiencia humana en el trato con las cosas, de una convención que se sostuvo muda durante mucho tiempo en virtud de la tradición intergeneracional.[5] Esos puntos de vista, que a estas alturas nos pueden parecer arcaicos, no lo son y fijaron hasta hoy los extremos en los que puede moverse la reflexión en torno a este tema, una reflexión que es de las preocupaciones que subyacen, desde sus mismos orígenes, a lo que en la actualidad llamamos humanidades cuando se asoman a cualquier experiencia en la que sospechamos late un sentido.

¿Existe un vínculo indisoluble entre las palabras y las cosas? En el *Tractatus logico-philosophicus*, Ludwig Wittgenstein formula un punto de vista que parece asemejarse al de Heráclito de Éfeso cuando afirma que entre el lenguaje y la realidad hay una relación isomórfica, es decir, que las proposiciones que formulamos contienen una figura de los hechos a que se refieren.[6] La literatura no ha logrado dilucidar del todo qué es con exactitud lo que Wittgenstein quiso decir con esa afirmación

[5]   James Turner, *Philology. The Forgotten Origins of the Modern Humanities*. Nueva Jersey: Princeton University Press, 2000, p. 6.

[6]   «2.1 Nosotros nos hacemos figuras de los hechos. 2.11 La figura presenta los estados de cosas en el espacio lógico, la existencia y no-existencia de los hechos atómicos. 2.12 La figura es un modelo de la realidad», en: Ludwig Wittgenstein, *Tractatus logico-philosophicus*. Madrid: Alianza Editorial, 2009.

según la cual hacemos figuras o retratos de los hechos, de manera que entre el lenguaje y la realidad existiría una «relación pictórica»; pero no cabe duda de que en esta primera obra suya, escrita veinticuatro siglos después de la observación de Heráclito —la única que publicó en vida, dicho sea de paso, y de la que más tarde abjuró, declarando que «el autor del *Tractatus* estaba equivocado»—,[7] manifiesta que en su opinión el lenguaje posee un vínculo que no es puramente convencional entre nuestras proposiciones y los hechos del mundo, y cuando ese vínculo no existe las palabras se transforman en un sinsentido. Esas sugerencias de Wittgenstein tuvieron amplia repercusión cuando se las confundió con las tesis del llamado positivismo lógico. Para este —un movimiento filosófico asociado al desarrollo de las ciencias físicas— existía un criterio de significado consistente en la contrastación empírica de nuestras aserciones. Un enunciado, dijeron, tiene significado si y solo si sabemos qué observaciones nos permiten aceptar la proposición como verdadera o rechazarla como falsa. Este criterio relativo, como se observa para el mismo problema del que se ocuparon Heráclito o Platón, formulado entre fines del XIX y principios del XX, condujo a considerar como carente de sentido una amplia gama de la experiencia humana, desde la moral —a la que entonces se consideró un conjunto de prescripciones o mandatos encubiertos

---

[7]   Ludwig Wittgenstein, *Philosophical Investigations*. Oxford: Blackwell, 2001, prefacio.

o una manifestación de emociones— a la literatura o el arte; en suma, al conjunto de todo aquello a que las humanidades se refieren.

Por esos mismos años en que Wittgenstein estaba en Oxford, otro filósofo, Austin, en su breve artículo sobre las excusas,[8] observó que tener una conciencia agudizada de las palabras nos ayuda a tener una conciencia más agudizada de las cosas para hablar de las cuales usamos las palabras. Sugirió que si nos deteníamos a examinar los diferentes empleos de una palabra, podíamos tener una conciencia más esclarecida de cómo veíamos la realidad. El punto de vista de Austin se asemeja al que siglos antes Platón expuso en la carta dirigida a «los parientes y amigos de Dion» que conocemos hoy como la famosa *Carta VII*. Austin no asevera que exista un vínculo esencial entre las palabras y las cosas, o que entre ambas exista una relación isomórfica, sino que sugiere que, indagando en las palabras y en el uso que les damos, podremos asomarnos mejor a la realidad a la que las palabras se refieren. Podemos comprender mejor la realidad, esto es lo que Austin asevera, si logramos tener una conciencia aguda de las palabras y el modo de su empleo. Este punto de vista se asemeja al que sugiere Platón en la carta antes referida. Allí Platón afirma que hay tres operaciones para llegar al conocimiento. La primera es la palabra —por ejemplo, la palabra «círculo»—, la segunda es la definición —llamamos así a la figura equidistante entre

---

[8] John L. Austin, «A plea for excuses», *op. cit.*

los extremos y el centro—, la tercera es la figura —cuando dibujamos un círculo—. Podemos borrar el dibujo de este último o callar la palabra, pero nada de eso, observa, le sucede al círculo ideal, que permanece incólume en la realidad a la que, sin embargo, y gracias a esas operaciones, pudimos asomarnos. Como es sabido, para Platón la cosa en sí misma —a la que designa como un quinto nivel, que se suma a la palabra, su definición, su figura y el conocimiento que de ella adquirimos— se encuentra no en las cosas o en las palabras, sino en el alma a la que, no obstante, gracias a ese conjunto de operaciones podemos acceder.[9] Este punto de vista se parece por supuesto al de Austin aunque no, claro, en sus aspectos metafísicos —la existencia de las ideas puras, el alma, etcétera—, pero sí en el modo de concebir la forma en que las palabras nos permiten asomarnos a la realidad sin que estas posean un vínculo esencial con ella. Un ejemplo de lo anterior —y tal vez más cercano a nuestra experiencia— se encuentra en las páginas que escribió Aristóteles, quien cada vez que plantea un problema principia examinando la forma en que lo denominamos o nos referimos a él y a partir de ahí dilucida los sentidos o significados cubiertos por el uso o empleo de la palabra hasta acabar asomándose al concepto del que esta es portadora. Es el caso de su análisis sobre la justicia o la amistad. Aristóteles comienza constatando cómo los seres humanos hablan de esta última y así poco a poco va identificando un cierto

[9]   Platón, *Carta VII*, 342c y ss.

significado focal del concepto, por referencia al cual va a identificar qué actos son justos y cuáles no, quiénes practican la amistad y quiénes la rehúsan.[10]

Por su parte Wittgenstein, quien sostuvo en el *Tractatus* que entre las palabras y la realidad había una relación isomórfica, de manera que entre las proposiciones y los hechos que ellas referían habría una relación semejante a la que existe entre el retrato y la figura que en él se recoge, explicó un punto de vista semejante al de Austin al sugerir, en sus *Investigaciones filosóficas*, que el significado de las palabras era equivalente a su uso en un lenguaje —«no preguntes por el significado, pregunta por el uso»—[11] y que en este último subyacía una forma de vida, con lo cual querría decir que en este o aquel lenguaje —por ejemplo, en la versión dialectal del castellano que se habla en Sudamérica— precipitan una serie de prejuicios, subentendidos, un mundo, en suma, sin el cual es imposible conocerlo a cabalidad. Para explicar ese problema Wittgenstein empleó la figura de juegos de lenguaje. El lenguaje, al igual que los juegos, no sería solo un conjunto de reglas —en este caso gramaticales—, sino una amalgama de actividades, de acciones, que ejecutamos mediante las palabras. Estas forman parte de nuestro trato con el mundo y hasta cierto punto lo constituyen. Usamos el lenguaje para actuar puesto que decir algo es, también, como había observado Austin, hacer algo. Hacemos

---

[10]   Por ejemplo, en: Aristóteles, *Ética nicomaquea*, VIII, 4: 1157ª, 30-33.
[11]   Ludwig Wittgenstein, *Philosophical Investigations*, *op. cit.*, p. 43.

cosas con palabras, de manera que el conjunto del lenguaje se forja en una forma de vida, en un cierto *ethos* que es el precipitado de una trayectoria vital, una memoria o un conjunto de subentendidos que recibimos de quienes nos antecedieron, eso que Ortega llamó creencias. Las ideas —dijo— se tienen; en las creencias se está. Hablar un lenguaje o entenderlo a cabalidad supone compartir las creencias que le subyacen:

> Cada sociedad practica una selección diferente en la masa enorme de lo que habría que decir para lograr decir algunas cosas, y esta selección crea el organismo que es el lenguaje. Conste, pues, que la lengua nace ya como amputación del decir. No creo que fuera difícil, transponiendo gráficamente esta concepción de las lenguas, dibujar sus perfiles de modo que al superponerlos se advirtiesen con toda claridad sus coincidencias y divergencias en el declarar y el silenciar. Cada una va modelada por un espíritu selectivo diferente que actúa en el vocabulario, en la morfología, en la sintaxis, en la estructura de frase y período.[12]

La idea sobre la que descansa esa concepción del lenguaje es que los seres humanos vivimos envueltos en una esfera de significados y de símbolos que nos constituyen y configuran nuestro mundo y que nos permiten experimentar el tiempo y el espacio. Y ello porque no existiría —esta

[12] José Ortega y Gasset, «Apuntes para un comentario al Banquete de Platón», *Obras Completas, op. cit.*, vol. IX, p. 732.

fue la influyente opinión de Humboldt— una distinción entre el pensamiento y el lenguaje, sino una identidad. El lenguaje sería un fenómeno epistémico: no un instrumento de comunicación, sino la forma en que constituimos y configuramos los conceptos que empleamos cada día en relación con nuestro entorno. El lenguaje no sería un simple instrumento para tratar con elementos extralingüísticos o comunicar pensamientos prelingüísticos, puesto que el lenguaje *configuraría* al pensamiento. El lenguaje, sugiere Humboldt, nos permite relacionarnos con el mundo mediante los conceptos a los que él mismo estructura y da forma. De ahí entonces que, según este autor, el sentido —lo que decimos— es anterior a la referencia —aquello acerca de lo que hablamos—. Para identificar acerca de qué hablamos —la referencia— sería necesario conocer previamente el sentido de lo que decimos.[13] Un ejemplo permite mostrar esta idea que, de otra forma, parece vaga. Suponga usted que alguien le pregunta cuántos objetos hay en esta mesa. Es probable que usted respondiera que hay tres puesto que ve tres lápices; pero si en su sistema de conceptos, en el lenguaje que usted posee, para cada par de objetos hay un tercero que es su suma —es decir, para usted «objeto» es sinónimo de «individuo» y «par de individuos»—, entonces ya no habría tres objetos, sino siete u ocho según el caso. El

[13]   Wilhelm von Humboldt, *Sobre la diversidad de la estructura del lenguaje humano y su influencia sobre el desarrollo espiritual de la humanidad*. Barcelona: Círculo de Lectores, 1995, en especial pp. 93 y ss.

ejemplo mostraría que lo que vemos es fruto de un marco conceptual previo y que la objetividad tendría sentido *al interior de ese marco*. A esto es a lo que la literatura especializada llama «realismo interno». Si las lenguas son, como sugiere Humboldt, constitutivas del pensamiento o de los conceptos, lo serían por igual de los objetos a los que se refieren o remiten, pero como las lenguas son plurales y diversas, entonces las perspectivas del mundo también serían plurales y diversas. No habría, pues, un mundo compartido que sirviera de garante de lo que pronunciamos al decir esto o aquello, un mundo unitario al que pudiéramos referir lo que decimos o pensamos.[14]

Como se observa, esa concepción que podemos atribuir a Humboldt, y que también —como se verá enseguida— se encuentra en autores como Heidegger o Derrida, pone en cuestión la objetividad de la experiencia, puesto que esta última estaría siempre mediada por un lenguaje históricamente configurado. En la medida que, como va a sugerir Heidegger, el lenguaje hace posible lo que llamamos mundo —la manera en que concebimos la realidad que nos circunda—, habría tantos mundos o aperturas de mundo como lenguajes, de manera que sería imposible alcanzar un acuerdo sobre algo entre diversas culturas,

---

[14] Para un análisis detallado sobre el punto es imprescindible ver: Cristina Lafont, «The Constitutive Dimension of Language According to Humboldt», en: *The Linguistic Turn in Hermeneutic Philosophy*. Cambridge: MIT Press, 1999. Para un análisis más amplio de la manera en que el lenguaje configuraría el mundo, véase: George Steiner, «Lenguaje y Gnosis», en: *Después de Babel. Aspectos del lenguaje y la traducción*. México D.F.: FCE, 2005.

puesto que ese «algo» nunca sería lo mismo para hablantes de diversos orígenes.[15]

Un buen ejemplo de lo anterior se encuentra cuando se examina, a la luz de ese punto de vista, el problema de la traducción. Si, como se acaba de explicar, el sentido o los conceptos que usamos son anteriores a la referencia, es decir, nos permiten identificar los objetos, de ahí se sigue la imposibilidad de traducir con certeza de un lenguaje a otro. En efecto, para trasladar a un lenguaje —digamos al lenguaje 2, el español— aquello que se habla en otro —el lenguaje 1, por ejemplo, el chino—, necesitaríamos de un tercer término que permita establecer la equivalencia entre ambos. Y ese tercer término no podría ser la realidad puesto que esta está mediada por el lenguaje. Luego, la traducción sería imposible.

El tema es recurrente en Javier Marías, el espléndido novelista español. Y lo ha examinado en dos sitios que vale la pena recordar. Lo ha hecho, desde luego, en la casi totalidad de su obra, pero destacan en especial una escena de *Corazón tan blanco*[16] y el discurso que pronunció al incorporarse a la Real Academia de la Lengua.

En la novela Juan y Luisa, los protagonistas, son intérpretes en un organismo internacional —a la primera la sabemos muerta gracias a las que tal vez sean las mejores

[15] Un clásico estudio sobre ese tema —la relación entre el lenguaje y el pensamiento— es el artículo de Benjamin Lee Whorf, «A Linguistic Consideration of Thinking in Primitive Communities», en: *Language, Thought and Reality*. Nueva York: MIT, 1956, pp. 65 y ss.

[16] Javier Marías, *Corazón tan blanco*. Madrid: Alfaguara, 2022.

primeras líneas de una novela— y deben traducir una conversación entre la primera ministra inglesa y el primer ministro español, ignorantes cada uno de la lengua de su interlocutor. Juan entonces traduce frases banales —¿quiere que le pida un té?, consulta amable el ministro español— a otras que no lo son —¿a usted la quieren en su país?— desatando así una conversación entre ambos que ellos creían sostener, pero que en verdad no sostenían. Y es que como sugiere el narrador, quienes conversan o más bien creen conversar en esa escena, como en cualquier otra semejante que se podría imaginar, no tienen ninguna posibilidad de controlar lo que su intérprete dice a su interlocutor y ordinariamente el intérprete oficial, incluso si quiere ser fiel, también desconoce el trasfondo de lo que debe traducir —«los traductores no sabemos ni una palabra de lo que se fragua y maquina y cuece en el mundo, ni la menor idea»—.

En el discurso antes mencionado,[17] por su parte, sostuvo que era imposible contar o narrar, puesto que la lengua tenía tal cantidad de sobrentendidos, de silencios en los que cada palabra descansaba, de recursos metafóricos que son peculiares de cada una, que en realidad y bien mirado, dijo, es imposible contar nada:

En el momento en que interviene la palabra, en el momento en que se aspira a que la palabra reproduzca lo acontecido, lo que se está haciendo es suplantar y falsear esto

---

[17] «Sobre la dificultad de contar». Madrid: RAE, 2008.

último. Sin querer se lo deforma, tergiversa, distorsiona y contamina. Se lo fragmenta y se convierte en sucesivo lo que fue simultáneo. Se lo delimita con un principio y un fin artificiales, que quedan al siempre discutible criterio del relator, él los establece. Inevitablemente se introduce un punto de vista y por lo tanto una subjetividad.

Es tal la cantidad de circunstancias que configuran nuestra realidad, o la cultura que es siempre la de cada uno, argumenta Marías, que describirla no es en verdad posible puesto que lo que queremos describir, algo que pasó y ya no es, se configuró en una determinada constelación de circunstancias que es imposible determinar con fiabilidad una vez que ya huyeron de nuestra experiencia. La tesis que despliega Marías en ese discurso es similar a la que sugiere W. V. Quine en *La relatividad ontológica y otros ensayos*.[18] Allí el filósofo estadounidense sostuvo que saber cuál de varias traducciones de un mismo texto es la correcta no era posible porque el traductor debe verificar lo que traduce por referencia al contexto o cuerpo en el que se profiere, pero el contexto está configurado por tal número posible de circunstancias que cualquier traducción alternativa sería también admisible. Marías lo explica a partir del ejemplo de quien trata de narrar cómo fue lo que presenció, el disparo en la nuca de un hombre a otro luego de una discusión:

[18] W. V. Quine, *La relatividad ontológica y otros ensayos*. Madrid: Tecnos, 1984.

[...] «Cuando vi que un hombre se acercaba a otro y lo increpaba», podría continuar la narración. Pero ese narrador habrá ya introducido un verbo poco fiable, «vi», porque tal vez otro testigo haya visto a los hombres con anterioridad a la increpación y por tanto tenga más datos y sea más idóneo para contar lo que pasó, tal vez haya visto cómo uno llevaba un buen rato mirando al otro con odio y mascullando algo, y acaso un tercero haya observado cómo el luego increpado le había sustraído la cartera al increpador, y que ese era, por consiguiente, el muy probable motivo de la increpación.[19]

Por eso, arguye Marías, el único discurso en el que de veras podemos confiar es el de la literatura o de las novelas, porque allí la única realidad posible es la fingida, la que las palabras indican, y no hay una realidad exterior que pueda corregirlas o enmendarlas o que nos permita decir que el narrador se equivoca, que eso no fue así:

Y lo cierto es que solo podemos contar así, cabalmente y con sus incontrovertibles principio y fin, lo que nunca ha sucedido. Lo que no ha tenido lugar ni ha existido, lo inventado e imaginado, lo que no depende de ninguna verdad exterior. Solo a eso no puede agregársele ni restársele nada, solo eso no es provisional ni parcial, sino completo y definitivo [...]. La historia de don Quijote empezará para siempre donde empezó, con las invariables palabras «En

---

[19] «Sobre la dificultad de contar», *op. cit.*, p. 19.

un lugar de La Mancha...» [...]; y terminará para siempre donde terminó, con el párrafo «a quien advertirás, si acaso llegas a conocerle, que deje reposar en la sepultura los cansados y ya podridos huesos de don Quijote [...]» y así hasta la palabra «Vale», es decir, «Adiós».[20]

La conclusión anterior parece excesiva, pero es frecuente en la filosofía cuando se trata el misterio del lenguaje que, hemos visto, está en la base de la reflexión de las humanidades.

En su conferencia sobre el himno *El Ister*, Heidegger afirma que toda traducción debe necesariamente hacer una transición entre el «espíritu de una lengua» y el de otra. En uno de los apartados de ese curso —una nota concerniente a la traducción— se pregunta quién decide acerca de la corrección de una determinada traducción. La decisión no puede provenir del diccionario, explica, puesto que este contiene ya una determinada interpretación o traducción, de manera que este no puede ser garantía del dominio o ámbito que cubre la palabra. Ello solo podría ocurrir si consideráramos al lenguaje como un mero vehículo para comunicar algo que está fuera de él y al que pudiéramos acceder con independencia del lenguaje. Así, toda traducción debe ejecutar un traslado de un espíritu de una lengua a otra.[21]

---

[20]   Ibídem, p. 39.
[21]   Martin Heidegger, *Hölderlin's Hymn «The Ister»*. Indianapolis: Indiana University Press, 1996, p. 63.

Pero ¿cómo podríamos aprehender el espíritu de una lengua sin haber compartido el mundo que ella hizo posible? Para este autor «nos movemos siempre ya en una previa comprensión del ser», es decir, el individuo humano no existe como tal de manera previa a una comprensión, como si fuera una conciencia vacía o despejada que luego de existir se amoblara poco a poco, por decirlo así, con el conocimiento de las cosas que lo rodean o con las que de pronto tropieza, sino que el individuo humano aparecería en un mundo que está siempre simbólicamente mediado. Si bien en principio podemos distinguir entre el *sentido* de lo que aseveramos, y *aquello a lo que nos referimos* —por ejemplo, afirmamos la redondez de la luna, donde «redondez» es el sentido y «la luna» la referencia—, Heidegger, siguiendo a Humboldt, piensa que podemos identificar la referencia solo a través del sentido. En otras palabras, al nombrar algo, sugiere, ya estamos considerándolo de una cierta forma, al concebir un objeto como una mesa o un útil ya estaríamos en medio de una interpretación. Al nombrar algo entonces —recuérdese la temprana tesis de Heráclito de Éfeso— estaríamos atribuyéndole de forma implícita una esencia. Por eso, como afirma en otro de sus textos, el lenguaje sería «la casa del ser», o como asevera con ánimo polémico, «no hay ninguna cosa donde falta la palabra».[22]

Para ese punto de vista, entonces, la traducción es imposible puesto que al estar siempre en una determinada

---

[22]   Martin Heidegger, *De camino al habla*. Barcelona: Odós, 1987, p. 213.

comprensión del mundo, no podríamos trascenderla o empinarnos para observar otra o menos para aseverar una equivalencia entre ellas.

No muy distinto es lo que observa Jacques Derrida —que tanta influencia ha tenido en las humanidades contemporáneas—, para quien la única posibilidad de que dos lenguajes fueran perfectamente traducibles sería que existiera un significado trascendental, uno que estuviera más allá de nuestra experiencia y al que pudiéramos remitir lo que decimos separando, por decirlo así, el significante —la palabra que usamos— del significado —lo que con esta decimos—; pero si no existe una diferencia entre el significante y el significado, o si esa diferencia no es pura, de manera que el significante siempre está impregnado de un cierto significado o de parte de él, entonces toda traducción acaba traicionando el texto que suponemos original:

> La traducción pone en práctica la diferencia entre significado y significante. Sin embargo, si esta diferencia nunca es completa, la traducción tampoco lo es, y habría que sustituir la noción de traducción por la de transformación...[23]

Lo que todos esos puntos de vista observan es que no habría posibilidades de diferenciar entre nombrar algo —llamar «mesa» a esto sobre lo que escribo— y caracterizarlo —«mesa» es un plano sostenido por paralelas, etcétera—. Lo que ocurriría es que no sería posible

---

[23] Jacques Derrida, *Posiciones*. Barcelona: Pre-Textos, 2014, p. 40.

nombrar algo o referirse a algo sin tener en cuenta, al mismo tiempo, aquello que lo caracteriza. Luego todo lenguaje supondría una previa caracterización de lo que existe y en la medida que cada lenguaje es relativo a una cierta cultura, cada una de estas induciría a los hablantes a, por decirlo así, concebir una realidad distinta, cada una de ellas inconmensurable con respecto a cualquier otra.

No es difícil advertir las consecuencias que se siguen de un punto de vista como ese. Si cada ser humano está, por decirlo así, atrapado en su finitud histórica a tal extremo de que lo que precipita en el lenguaje que recibe configura su mundo, entonces parece obvio que solo podría comunicarse y entenderse con aquellos que comparten esa finitud, pero no, en rigor, con aquellos que por pertenecer a otras épocas han estado atrapados en un momento del tiempo distinto que ya se fue.

El punto de vista que acabamos de revisar —y que conduce a que mundos distintos son inconmensurables entre sí— se radicaliza todavía más si se tienen en consideración otros factores que influirían en la forma en que experimentamos el entorno. Porque los seres humanos no solo aparecemos en un punto del tiempo y en medio de una cultura que compartimos con otros. También tenemos otros rasgos que nos diferencian, como la situación de clase, el género al que pertenecemos, la orientación sexual, la etnia de la que provenimos, ¿y si cada una de esas cosas fuera portadora de una cierta visión específica del mundo y de nuestro lugar en él, de manera que no solo fuéramos integrantes de esta o aquella cultura sino que dentro de ella poseyéramos particularidades que nos hicieran ver el mundo en torno de manera diferente?

Si, como hemos visto, el lenguaje y sus misterios parecen poner en cuestión la posibilidad de entendernos si es que pertenecemos a culturas distintas o incluso si hemos experimentado procesos de subjetivación distintos —que es como algunos seguidores de Foucault llaman a lo que la sociología en general entendió por socialización—, otro tanto va a ocurrir cuando nos asomamos a la otra peculiaridad de lo humano que se subrayó muy temprano, la de estar anegado de tiempo o, como se va a preferir más tarde, la de no tener naturaleza sino historia. Tal como ocurrió, según vimos, con el lenguaje, la preocupación por la historia está en el origen de lo que hoy llamamos humanidades y ello al extremo de que, si se la descuidara, las humanidades acabarían desapareciendo.

En el caso del lenguaje, se intuye con facilidad por qué la preocupación acerca de él, lo que llamábamos el misterio del lenguaje, está en el origen de las humanidades. Después de todo, el lenguaje parece ser lo más peculiar de lo humano.

Y otro tanto ocurre con la historia.

VII

LAS PREGUNTAS DE LAS HUMANIDADES: EL MISTERIO DE LA HISTORIA

La palabra «historia», en español, presenta la dificultad de que con ella se designan dos dimensiones que son distintas: el acontecer, lo que ha ocurrido —lo que los clásicos llaman *res gestae*—, y la disciplina que se ocupa de eso que ha ocurrido, lo que podríamos llamar historiografía.[1] ¿Existe algún vínculo entre ambas? ¿Los seres humanos se ocupan de la historia como se ocupan, digamos, de otras cosas que llaman su atención o despiertan su interés como se interesan por los astros, las bacterias o las novelas, como lo haría cualquier persona de esas a las que suelen llamarse cultas? ¿O será que hay algún vínculo íntimo que vale la pena tener en cuenta entre la *res gestae*, la historia como acontecer, la preocupación acerca de ella que está en el centro de las humanidades, y la propia condición humana?

Así como la reflexión sobre el lenguaje es muy temprana, la ocupación con la historia —casi la otra mitad de lo que hoy llamamos humanidades— es indisoluble e inseparable de la cultura como esfuerzo reflexivo del ser

---

[1] Se emplea en lo que sigue como sinónimo de historia y, a la vez, de reflexión sobre ella.

humano respecto de sí mismo. Y deriva del hecho de que somos entes bañados de temporalidad.

Detengámonos en este aspecto —la temporalidad de lo humano— que muestra hasta qué punto la historia es una parte esencial de las humanidades.

Es Martin Heidegger quien enfatiza en particular ese aspecto cuando observa que la historiografía tiene como condición de posibilidad la «historicidad de la existencia». Cada individuo humano, sugiere, vive lanzado al futuro, en un proyecto o en una idea de sí mismo que elabora o a la que sin advertirlo adhiere; pero todo ello ha de hacerlo a partir de un legado previo, un mundo con el que se encuentra y en el que hunde, por decirlo así, sus talones a la hora de empinarse hacia el futuro. De esta manera, cada uno de nosotros ya ha sido, y ello no solo por el hecho obvio de que el tiempo fluye sin cesar, sino porque nuestras posibilidades de ser, de elegirnos, están mediadas por un conjunto de posibilidades previas ya acontecidas y realizadas por otros, en un mundo que se fue y que, sin embargo, sigue siendo en nosotros, un mundo que tiene la forma de ser de lo histórico, frente al que podemos reaccionar, pero del que no podemos huir o despojarnos. Esta característica de lo humano —estar atado a un mundo tejido por una cierta forma de comprender lo que existe que, las más de las veces, se vive con total naturalidad— es la que constituye la razón de ser más profunda de la historiografía, la que permite explicar por qué el humano no puede evitar echar la vista atrás, intentar escrutar el pasado.

Los historiadores, se dice, se ocupan del pasado, nos hablan y describen lo que ha ocurrido.

Pero ¿qué quiere decir que algo haya pasado?

Pensemos, sugiere Heidegger, en los objetos de un museo. ¿En qué sentido se trata de objetos «pasados»? Un utensilio de cocina, por ejemplo, bien conservado pero que se encuentra exhibido como ejemplo del quehacer cotidiano de hace un siglo y que se visita hoy con interés, ¿en qué sentido es pasado si las cosas siguen ahí presentes ante nosotros, intactas? Lo pasado en ellos, agrega el autor de *Ser y tiempo*, es el *mundo* que les confería sentido y donde esas cosas comparecían como lo que estaba a la mano, dispuestos sin que se necesitara reflexión alguna para alcanzarlos. El mundo, esta trama de significados en cuyo interior los seres humanos que empleaban ese utensilio, y para los cuales era «un útil», *eso es lo que ya no es*. La condición temporal de la existencia, entonces, no consiste en el hecho de que el ser humano se extinga o se gaste con el paso de los días, o que la vida humana lleve la cuenta de sus años. Esa condición temporal consiste más bien en que el mundo con el que la existencia está entrelazada de forma inevitable es un mundo contingente que, sin embargo, en algún sentido la determina. En *El origen de la obra de arte*, Heidegger ejemplifica esto a partir de los zapatos pintados por Vincent van Gogh. Los zapatos son un utensilio, es decir, algo que los seres humanos emplean en su cotidianidad de manera natural, como cosas que están a la mano —Heidegger llama «cosas a la mano» a las cosas que empleamos de manera irreflexiva porque forman parte del mundo en derredor en el que desenvolvemos nuestra existencia—. Si miramos con atención esos zapatos, explica, veremos que en su borde está la huella de la fatiga de los pasos, en la suela la humedad y el barro del suelo, en ellos «tiembla la llamada de la tierra» y el escape de la miseria; este utensilio pertenece al mundo de la labradora que lo empleaba como tal útil. Sin embargo,

todas estas cosas solo las vemos en los zapatos del cuadro, mientras que la campesina se limita sencillamente a llevar puestas sus botas. ¡Si fuera tan sencillo como parece! Cada vez que la labradora se quita sus botas al llegar la noche, llena de una dura pero sana fatiga, y se las vuelve a poner apenas empieza a clarear el alba, o cada vez que pasa al lado de ellas sin ponérselas los días de fiesta, sabe muy bien todo esto sin necesidad de mirarlas ni de reflexionar en nada. Es cierto que el ser-utensilio del utensilio reside en su utilidad, pero a su vez esta reside en la plenitud de un modo de ser esencial del utensilio. Lo llamamos su fiabilidad. Gracias a ella y a través de este utensilio la labradora se abandona en manos de la callada llamada de la tierra, gracias a ella está segura de su mundo. Para ella y para los que están con ella y son como ella, el mundo y la tierra solo están ahí de esa manera: en el utensilio.[2]

[2] «El origen de la obra de arte», en *Sendas perdidas. Holzwege*. Buenos Aires: Losada, 1960, p. 26.

Esa manera de ver el pasado a través de los objetos que traen hasta nosotros un mundo que ya no es, se encuentra hoy en lo que se ha denominado el nuevo historicismo, al que luego nos referiremos; pero no ha sido esa la única forma en que los seres humanos se asoman al pasado.

Para las humanidades, el pasado ha sido visto como una fuente de ejemplos o como una especie de filosofía moral empírica, un reservorio de lecciones acerca de cómo debemos comportarnos para ser felices, alcanzar el éxito o evitar la condena; o como un estadio de una legalidad inmanente al tiempo; o como un capítulo de un guion que la filosofía de la historia se ocuparía de desentrañar; o como una serie de acontecimientos que podemos reconstruir fielmente y gracias a los cuales nos asomamos a un aspecto básico de la condición humana.

Por supuesto, en todos los estudios históricos hay algo de eso, sin duda; pero cada época historiográfica enfatizó algunas de esas dimensiones hasta casi opacar las otras.

Así, en la época inmediatamente anterior al historicismo —este último es el nombre que se dio al auge de la historia hacia fines del XIX, atado, como veremos, al nombre de Leopold von Ranke— la historia era concebida como *magistra vitae*, maestra de la vida o de la existencia, una idea que alcanzó hasta los siglos XV y XVI, cuando los clásicos latinos y griegos eran la fuente del saber. No es casualidad que esa expresión haya sido acuñada por Cicerón, quien veía en la historia, al igual que sus contemporáneos, una forma de conocimiento indispensable para la retórica y para la política. La idea, sin embargo, es aún más antigua y se reitera una y otra vez en las fuentes. En las *Historias* de Polibio, por ejemplo, se la expresa inequívocamente:

> La educación y el entrenamiento más sólidos para una vida de política activa es el estudio de la historia, y que el método más seguro y, de hecho, el único para aprender a soportar las vicisitudes de la fortuna es recordar las calamidades de los demás.[3]

Y mucho más adelante el mismo Polibio observa que las cosas irían incluso mejor si el hombre de acción, el político, el hombre de Estado, escribiera historia:

> Platón nos dice que los asuntos humanos irán bien cuando o bien los filósofos se conviertan en reyes o bien los reyes estudien filosofía, y yo diría que irá bien con la historia o bien cuando los hombres de acción [*pragmatikoi ton andron*] se dediquen a escribir historia o consideren necesaria la formación en asuntos reales para escribir historia.[4]

Esa idea de la historia como un reservorio de ejemplos y del historiador como alguien cuya función es proveerlos y explicarlos, contribuyendo así a la formación política y moral de las personas, se reitera una y otra vez. En sus *Vidas paralelas*, Plutarco observa que al conocer las

---

[3] Polibio, *Historias*, I, 2.
[4] Ibídem, XII, 28, 1-5.

circunstancias que rodean los ejemplos de los que se ocupa la historia, estos ayudan a esclarecer nuestra conciencia moral, nos tornan más alertas frente a lo que acontece y nos ayudan a discernir lo que debemos hacer. Polibio insiste en el mismo punto con gran énfasis al criticar a Timeo. Es función de la historia, explica, conocer los discursos «tal fueron pronunciados», conocer sus causas, y así poder manejarnos «con mayor confianza ante las dificultades». Todo eso no lo hizo Timeo, a su juicio, cuya obra está «repleta de retórica menuda».[5]

Esa tarea ejemplificadora y pragmática que se asignaba a la historia descansaba sobre el supuesto de que existían reglas universales subyacentes de las que los hechos específicos eran muestras. Una vez que esos preceptos generales eran sacados a la luz mediante una serie de hechos particulares, una persona sería capaz, se pensaba, de aplicar esas reglas a la vida cotidiana. Sin embargo, y como es fácil advertir, la validez de la historia así concebida dependía de un conjunto de supuestos conceptuales —trascendentales la mayor parte de ellos— que permitían seleccionar los hechos dignos de mención.

Pero si, como comenzó a ocurrir hacia el siglo XVII, esos supuestos se discutían o ignoraban, o lo que es peor, se negaban, entonces solo quedaban a la vista un montón de hechos dispersos que parecían irrelevantes o que eran problemáticos. La primera salida a ese dilema consistió en agregar a los principios propiamente teológicos otros

[5]   Ibídem, XII, 25b.

más seculares, como por ejemplo la razón de Estado[6] o, como ocurre con las diversas modalidades de la Ilustración, la idea de progreso.[7] El resultado de todo ello es que, en el siglo XVII, los historiadores se dan a la tarea de intentar reconciliar los hechos con esos dos principios distintos y con frecuencia contrapuestos. Si bien esa inconsistencia alentaba el quehacer interpretativo, su resultado era que la historia como saber entraba en crisis, una crisis de la conciencia histórica.[8]

Nada en el conocimiento que pretendía arrojar la historia tenía la claridad irrefutable de las «verdades de la razón», como era, se pensaba entonces, paradigmáticamente el caso de las matemáticas o la geometría, salvo que el método de esas últimas pudiera aplicarse a la esfera de los asuntos humanos que se alojaban en el pasado como habían creído autores como Samuel Pufendorf en *De iure naturae et gentium* (1672).

Esa crisis de la conciencia histórica que, en síntesis, puede ser presentada como una emancipación de la teología, desembocó, sin lograr desembarazarse de ella del todo, en la constitución de la historia como ciencia, como una disciplina rigurosa alojada en la universidad moderna. Y ahí se encuentra el nombre prestigioso de Ranke como la figura más notable de lo que se va a llamar historicismo.

---

[6]   Friedrich Meinecke, *La idea de la razón de Estado en la Edad Moderna*. Madrid: Centro de Estudios Constitucionales, 1983.

[7]   Robert Nisbet, *Historia de la idea de progreso*. Barcelona: Gedisa, 1981.

[8]   Peter Hanns Reill, *The German Enlightenment and the Rise of Historicism*. Berkeley: University of California Press, 1975, p. 11.

Si bien hay pocos términos más ambiguos que el de historicismo,[9] la figura de Ranke, uno de los fundadores de la moderna concepción de la historiografía, ayuda a dilucidarlo y a apreciar cómo se transitó desde la historia ejemplar o desde la historia concebida al modo del derecho natural, a la historia como ciencia.[10]

Para Ranke, la historia como disciplina tenía dos tareas que le eran propias: describir los hechos o los acontecimientos tal como ocurrieron, para lo cual la historia se auxilia de otros múltiples quehaceres —la investigación filológica en archivos, los monumentos, testimonios, rastros arqueológicos, etcétera— y, luego de eso, trazar la conexión que media entre ellos mostrando la unidad que los constituye, el transcurrir que en ellos se realiza. Como afirmó muchas veces, «se trata de comprender la historia, los hechos que ocurrieron, como una unidad».[11] Ranke fue consciente de que en esta segunda tarea no cabía más que auxiliarse de la intuición, la particular sensibilidad del historiador para trazar el conjunto de hechos y conferirles un sentido o una dirección más o menos única y comprensible que los inscribiera en la historia universal. Se trataba pues, dijo, de encontrar «en miles de disonancias una secreta armonía». El historicismo así concebido

---

[9]   Sobre el punto puede verse: Georg G. Iggers, «Historicism: The History and Meaning of the Term», *Journal of the History of Ideas*, vol. 56, núm. 1, 1995, pp. 129-152.

[10] «Ranke's Romantic Philosophy», en: Frederick Beiser, *The German Historicist Tradition*. Oxford: Oxford University Press, 2011.

[11] Friedrich Engel Jánosi, *The Growth of German Historicism*. Baltimore: John Hopkins University, 1944, p. 60.

toma a los Estados como unidades espirituales y se encuentra bien atado a la idea, y a la construcción, de la conciencia nacional. El historiador, antes un auxilio de la filosofía moral, pasa a ser ahora un intelectual que, al reconstruir el pasado y sugerir la totalidad que en él se revela, adquiere una función política. Poco a poco el historiador se convierte en el intérprete del progreso y de la nación, como un sujeto colectivo que se emancipa.[12] La historia, como parte de las humanidades, muestra así su capacidad configuradora de la conciencia colectiva.

Como se ve, el problema de la temporalidad humana, el problema de que estamos anegados de tiempo y de que somos existencias discontinuas inmersas, sin embargo, en un transcurrir que nos excede y que llega hasta nosotros en la forma de retazos, de fragmentos, y en el que se creyó ver un manantial de ejemplos o, más tarde, una línea continua y coherente que por debajo de los ruidos y las furias sería posible discernir —como creyeron desde Joaquín de Fiore hasta Hegel o Marx—,[13] dio paso a una concepción de la historia como el esfuerzo por describir las cosas tal como fueron procurando, sin embargo, intuir

---

[12] Ernst Breisach, *Historiography. Ancient, Medieval and Modern*. Chicago: The University of Chicago Press, 2007, pp. 228 y ss. Un ejemplo paradigmático es la obra de Friedrich Meinecke en el debate entre la tradición humanista de Herder o Goethe (a quien se refiere en su texto sobre *El historicismo y su génesis*. México D.F.: FCE, 1943) y la del poder de Federico II, véase: Carlo Antoni, *From History to Sociology. The Transition in German Historical Thinking*. Londres: Merlin Press, 1959, pp. 86 y ss.

[13] Véase: Karl Löwith, *Meaning in History*. Chicago: University of Chicago Press, 1960.

en ellas una cierta totalidad que el historiador debía ser capaz de advertir y narrar.

Esa historia se pretendía transparente en dos sentidos. Por una parte, y como había dicho Ranke, se describían los hechos tal como habían ocurrido, y por otra, los textos donde la narración se contiene no estaban infectados, por decirlo así, por las intenciones o las acciones del sujeto que los creó. Había pues una realidad —la *res gestae*, lo que había ocurrido— a la que el historiador podía asomarse revisando archivos, escrutando monumentos, revisando memorias o relatos, contabilizando estadísticas, y a la hora de describir esos hechos procuraba, y se creía que ello era posible, poner en paréntesis sus intenciones o preferencias.[14] En un pasaje que formaría parte del credo ortodoxo de la profesión historiográfica, Ranke caracteriza el método histórico oponiéndolo a los principios de representación que se encuentran en las novelas románticas de Sir Walter Scott que lo habían hechizado. Esas novelas

le habían inspirado el deseo de conocer esa época más a fondo, de experimentarla de forma más inmediata. Así que se sumergió en las fuentes de la historia medieval, los documentos y los relatos contemporáneos de la vida de aquella época. Se sorprendió al descubrir no solo que las imágenes de Scott eran en gran parte producto de la

---

[14] Jürgen Pieters, «New Historicism: Postmodern Historiography between Narrativism and Heterology», *History and Theory*, vol. 39, núm. 1, 2000, pp. 21-38.

imaginación, sino que la vida real de la Edad Media era más fascinante que cualquier relato novelado. Ranke había descubierto que la realidad superaba a la ficción y que, para él, era infinitamente más satisfactoria.[15]

Esos dos principios —describir las cosas tal como fueron e insertarlas en una totalidad que el historiador debe ser capaz de narrar— son los puntos de ataque de lo que se ha llamado nuevo historicismo, y cuyos representantes más conspicuos son Michel de Certeau y Stephen Greenblatt.

Lo que caracteriza al nuevo historicismo es que discute esas dos formas de transparencia que el historicismo reivindicaba. Y al hacerlo recurre a la forma en que conciben la temporalidad y la historia pensadores como Heidegger o Foucault.

Para acercarnos a ese punto de vista y apreciar cómo se concebirá a partir de él la tarea de la historia y las humanidades, podemos volver sobre los objetos en un museo.

Como vimos, en *El origen de la obra de arte*, Heidegger meditaba acerca de los zapatos pintados por Van Gogh. Mirados en la vitrina de un museo o en la pintura, ellos aparecen como simples objetos, cosas a observar. Sin embargo, observa Heidegger, alguna vez fueron *útiles*, es decir, cosas a la mano que formaban parte del mundo circundante y las personas que vivían en él contaban con

---

[15]   Hayden White, *Metahistory. The Historical Imagination in Nine-teenth-Century Europe*. Baltimore: John Hopkins University Press, p. 163.

ellas de forma irreflexiva. Un útil —como la página donde ahora escribo— remite a un conjunto de otras cosas que conforman un todo significativo, de manera que al entrar yo al escritorio no veo una suma de útiles, sino el escritorio en cuyo interior esas cosas están para mí a la mano, y a las que accedo casi sin pensar. Todas estas otras dimensiones que han desaparecido del lugar donde la cosa se exhibe —supongamos que ese viejo par de zapatos están en un museo— es su pasado, porque lo que en ellas ha desaparecido es el mundo al que pertenecían, donde la existencia que los tenía a la mano se desenvolvió.

Stephen Greenblatt en *Resonancia y maravilla*[16] se sirve también de un objeto en un museo para discutir los supuestos del historicismo y mostrar la manera en que concibe la historia el nuevo historicismo. Se trata de un sombrero redondo y rojo de sacerdote católico, expuesto en la biblioteca del Christ Church en Oxford. Está allí, relata, en honor de aquel sujeto que fundó el *college* y cuyo nombre este último lleva. Pero el sombrero no fue un legado directo del fundador o un legado de un cercano poco después de su muerte, puesto que Enrique VIII intervino y el *college* quedó separado y distante de su fundador original. El sombrero llegó al *college* recién en el siglo XVIII cuando fue adquirido a una compañía de comediantes. El caso, explica Greenblatt, muestra de qué modo los objetos culturales «existen en el tiempo y están

---

[16] Lo que sigue en: «Resonance and Wonder», disponible en: Stephen Greenblatt, *Learning to Curse*. Londres: Routledge, 1990.

ligados a conflictos personales e institucionales, nego-
ciaciones y apreciaciones». Sirviéndose de ese ejemplo,
Greenblatt imagina el boato y la escenografía formidable
de la catolicidad y la manera en que, más tarde, como
resultado de la reforma protestante, lo que era sacro pasó
a ser el disfraz de un comediante, pero sin nunca lograr
despojarse del todo del aura que debió acompañarlo y
que hoy día, incluso leve, concluye, subsiste en las vitrinas
del *college*. Y lo que vale para ese sombrero redondo y rojo
vale también —explica el historiador— para los textos y
los libros, cuyo sentido y significado están a merced del
tráfico del tiempo y de sus acontecimientos, sin que de
ello pueda escapar el relato histórico que hoy hacemos
de ellos y así de forma sucesiva.

Como es fácil advertir, lo que vale para el sombrero de Wolsey —tal era el nombre del fundador en cuyo
nombre se preserva en una vitrina— vale también para el
ser humano. El hombre o la mujer de que habla el historiador no es un sujeto quiescente o fijo, dotado de una
identidad inmune al tiempo, sino que él se configura por
la clase, el género, la etnia, la orientación sexual, mediante procesos de subjetivación —diría Foucault— o reglas
generativas que cambian cada cierto tiempo. Y estos sujetos, así configurados, no son espectadores o pacientes
de fuerzas impersonales, sino que son agentes activos que
no pueden evitar interactuar con la circunstancia y de esa
forma, incluso cuando se ocultan o quieren invisibilizarse,
la modifican. Y de esa manera la escritura o la reflexión
histórica conecta con el presente y ayuda a iluminarlo.

No se trata de la función ejemplar que los antiguos le atribuían; pero se le parece en la medida que, al echar la vista atrás, se descubre la contingencia del tiempo y de las formas en que el individuo humano se ha concebido a sí mismo, las mallas interpretativas a cuyo través han circulado los objetos culturales y la compleja trama que ha ido configurando en cada caso el mundo.

Como consecuencia de lo anterior, el nuevo espíritu del historicismo tiende a desmitificar los objetos del pasado, no ve en ellos un canon de parte de lo humano, sino que se preocupa de indagar en la compleja trama como resultado de la cual llegó a la existencia. Si, como observaba Heidegger, el útil —aquello que está a la mano— solo existe merced al mundo que le confiere sentido, entonces ningún objeto refleja siquiera parte del canon de lo humano; cada uno es más bien apenas un retazo de esa gigantesca improvisación sin guion alguno en que consistiría la historia.

Pero si, como advierte Greenblatt, el historiador no habla del sujeto en general, sino de un sujeto construido o mediado por una multiplicidad de circunstancias, otro tanto ha de decirse del propio historiador. En otras palabras, si el documento que el historiador lee en busca de este o aquel rasgo de un sujeto, supongamos, del que hace su biografía, y si ese documento fue escrito a partir de ciertas convenciones, desde un específico lugar y empleando un cierto tipo de narración que en la época en que fue redactado hacía sentido, si todo eso es así, entonces, ¿no diremos lo mismo del historiador y de la propia escritura de la historia?

En torno a la respuesta a esa pregunta se sitúa la reflexión de Michel de Certeau quien, distanciándose también del historicismo, ha explorado las particularidades de la escritura de la historia.

Ante todo, observa el historiador y sacerdote jesuita, la historia no viene desde el pasado, sino que se constituye desde el presente. Quienes escriben la historia y hacen el esfuerzo de indagar en los despojos del tiempo somos nosotros, los de aquí y ahora. Es verdad que para hacerlo escuchamos testimonios, leemos documentos, echamos mano a la memoria; pero todos sabemos que los testimonios, los documentos, los recuerdos, están organizados en un lenguaje que es en principio mudo, y que para decirnos algo requiere ser interpretado por quienes somos ahora, de manera que el pasado nunca nos llega en la forma exacta en que alguna vez ocurrió, sino que nos llega creado y recreado una y otra vez por el espíritu y por la subjetividad de quienes, hoy día, aquí y ahora, intentamos recrearlo. En términos freudianos, en la memoria habitan dos fuerzas contrapuestas: de una parte el olvido, la edición de lo que ocurrió, y de otra parte el recuerdo que pugna y porfía por salir bajo la forma de un síntoma. Así, todo orden, personal o social, se erige sobre un ámbito que supone una exclusión —lo reprimido— que ayuda a constituir sus límites, pero que, al mismo tiempo, lo amenaza.

La historia y el psicoanálisis comparten ese fenómeno que enlaza el olvido y el recuerdo; aunque lo hacen, sugiere Certeau, de manera muy distinta.

El psicoanálisis reconoce al sujeto que fue en el que es hoy día, indaga de forma explícita la forma en que lo que ocurrió, el acontecimiento reprimido, acaba configurando al sujeto de hoy. Reconoce a uno en el otro, el pasado en el presente. La historia, en cambio, la escritura histórica descansaría, expresa De Certeau, sobre la alteridad puesto que sitúa a uno, el sujeto que fue, al lado del otro. Mientras el psicoanálisis ve al pasado imbricado, entrelazado con el presente, la escritura de la historia prefiere ver el presente como sucesión del pasado, como el ámbito que lo continúa. Y como observa Certeau, el descubrimiento de Freud lo llevó a considerar la escritura narrativa, o poética, como la más adecuada para comprender los meandros de la vida psíquica:

> El diagnóstico local y las reacciones eléctricas no tienen ningún valor para el estudio de la histeria, mientras que una presentación profunda de los procesos psíquicos a la manera que nos son presentados por los poetas me permite, por el empleo de algunas raras fórmulas psicológicas, alcanzar una cierta inteligencia en el desarrollo de una histeria.[17]

La historia no es, desde luego, igual que el psicoanálisis, pero comparte con este el trato con el pasado. Y en especial el empleo de la técnica narrativa como forma de rescatar o traer al presente aquello que está ausente.

[17]   Sigmund Freud, «Estudios sobre la histeria», en: *Obras completas*, Vol. II. Buenos Aires: Amorrortu, 1992, p. 174.

Al hacerlo, sin embargo, resulta inevitable el empleo de la técnica de la ficción, aunque animada por el propósito de alcanzar lo verosímil. De esta manera el pasado o lo ausente está efectivamente ahí, enmarañado en el presente, legible gracias a las sucesivas transformaciones de las que es objeto cuando al narrarlo una y otra vez se le reconfigura:

> Lo que llamamos espontáneamente historia no es sino un relato. Todo comienza con la presentación de una leyenda, que dispone los objetos «curiosos» en el orden en que es preciso leerlos. Es lo imaginario que necesitamos para que el en otra parte repita solamente el aquí. Se impone un sentido recibido en una organización tautológica que no dice otra cosa sino lo presente. Cuando rehicimos el texto, ya se llevó a cabo una operación que eliminó a la alteridad y su peligro, para no guardar del pasado, integrados en las historias que toda una sociedad repite en las veladas, sino fragmentos empotrados en el rompecabezas de un presente.[18]

Por eso tiene toda la razón Habermas[19] cuando afirma que la historiografía tiene dos tipos de interlocutores: por una parte, una audiencia especializada que verifica si acaso los datos factuales de los que ella da cuenta son o no

---

[18] Michel de Certeau, «Lo que Freud hace con la historia. A propósito de una neurosis demoniaca en el siglo XVII», en: *La escritura de la historia*. México D.F.: Universidad Iberoamericana, 2006, p. 273.

[19] Jürgen Habermas, *Más allá del Estado nacional*. México D.F.: FCE, 1999.

verídicos; y, de otra, el conjunto de la comunidad política, a la que el propio historiador pertenece, que juzgará si acaso la interpretación de esos hechos, el significado que se les atribuye, está o no en consonancia con el horizonte de espera y el ámbito de experiencia que hoy día poseemos. A fin de cuentas, cuando un hecho ingresa a la historia siempre lo hace a título póstumo.

Pero no acaba ahí esa condición temporal que es la posibilidad de la historiografía.

Porque ocurre que la existencia de cada uno está volcada al futuro, cada quien vive su peripecia desde el futuro que imagina para sí, desde una preocupación que orienta también la mirada hacia el pasado, de manera que, como va a insistir con cierta exageración la nueva historiografía, el pasado nunca es el mismo puesto que siempre se lo experimenta desde el futuro y este, por su parte, desde el ser que somos en el aquí y ahora.

Un breve vistazo a la filosofía ayuda a poner de relieve ese aspecto fundamental.

Se ha observado que en la medida que la experiencia es episódica —siempre es la experiencia de aquí y de ahora— nunca experimentamos el pasado. Usted vive aquí y ahora y no puede escapar del momento. Pero si bien eso es así, el conocimiento que cada uno tiene de sí mismo *incluye* el pasado. Vivimos nuestra vida en instantes discretos, separados unos de otros y la experiencia va quedando atrás, tal como queda atrás la frase que ahora escribo; pero nos pensamos o nos comprendemos a nosotros mismos de manera narrativa, en una continuidad que de forma inevitable incluye el pasado. Esa dimensión narrativa es constitutiva del autoconocimiento, de la identidad de cada uno, y no puede ser sustituida por ninguna descripción externa o científica de lo que somos. El autoconocimiento, la forma en que cada uno se describe a sí mismo es, en este sentido, el modelo de la escritura de la historia.[20] El conocimiento histórico, desde este punto de vista, no tiene que ver con lo que se sabe, sino con el *momento en que se sabe*.[21] Los que vivieron en el momento en que se publicaron los *Principia Mathematica* de Newton saben lo mismo que yo, que lo escribo, que esa obra fue publicada; pero es esta última oración —que pronuncio siglos después— la que contiene conocimiento histórico. Esa forma análoga al autoconocimiento está constituida por lo que Arthur Danto llama «oraciones narrativas», enunciados que vinculan hechos que están separados en el tiempo. Una oración de esa índole sería «el autor de los *Principia Mathematica* nació en Woolesthorpe el día de Navidad de 1642». La frase une dos hechos del todo distintos porque el día de Navidad de

---

[20]   Frank Ankersmit, «Truth in History and Literature», *Narrative*, vol. 18, núm. 1, 2010, pp. 29-50.

[21]   «El historiador sabe cosas sobre los mismos acontecimientos que conocía la sierva (de Cicerón), pero que ella no podía saber lo que sabe el historiador porque se encontraba en una relación temporal equivocada con esos acontecimientos para poder saberlo. El historiador, por ejemplo, sabe que esos acontecimientos tuvieron lugar en los últimos años de la República romana, y que esos meros últimos años sólo podrían conocerse, si el conocimiento implica verdad, cuando la República hubiera llegado a su fin.» Arthur Danto, «Narration and Knowledge», *Philosophy and Literature*, vol. 6, núms. 1-2, 1982, p. 20.

1642 no podía saberse que quien nacía era el autor de los *Principia Mathematica*. Aunque volviéramos al pasado, a 1642, no podríamos ser testigos del nacimiento de Newton el autor de los *Principia*, puesto que los escribió entre 1685 y 1687. Solo después de esta última fecha el acontecimiento de ese libro podría aparecer en la escritura de la historia. La historia sería, entonces, la que teje los hechos que han acaecido separados hasta conformar una unidad con sentido.[22] Danto lo explica del siguiente modo:

> Reconocer el presente como histórico es percibirlo a este y a la conciencia que se tiene de este como algo cuyo significado solo se dará en el futuro, y en retrospección histórica. Porque se reconoce que tiene la estructura de lo que será un momento histórico pasado, es decir, como uno cuyo significado está disponible para los historiadores, pero no necesariamente para aquellos a quienes estaba presente, ya que ese significado les ha sido ocultado por la razón que sea que el futuro está oculto. Pero su futuro forma parte del pasado del historiador, y la conciencia histórica consiste en estructurar nuestro presente en función de nuestro futuro y de su pasado.[23]

De esta manera, pudiéramos decir, la historiografía estira nuestra conciencia, y nos evita vivir como el animal, encerrados entre los muros del pasado y el futuro.

---

[22] Arthur Danto, *Narration and Knowledge*. Nueva York: Columbia University Press, 1985, p. 158.
[23] Ibídem, p. 17.

VIII
LAS HUMANIDADES Y LA ISLA DE LA VERDAD

Una de las ideas que subyacen a las líneas anteriores es la de que la cultura humana equivale, por decirlo así, a una mezcla entre una porción *visible*, edificios, paisaje, otras personas, objetos, textos, lo que pudiéramos llamar el mobiliario del universo, y otra *invisible*, a saber, el significado o sentido que todo aquello poseería. Habitamos *ambas dimensiones* y nos movemos y actuamos en medio de ellas como si fueran solo una, ejecutando una interpretación, solo que no lo hacemos de manera consciente. Las humanidades serían el esfuerzo reflexivo que toma distancia frente a esa actitud interpretativa natural y al interrogarla explora el vínculo entre lo visible y lo invisible. Esa interrogación se ve amenazada o por el espíritu del dogmatismo, que sugiere que hay solo una forma de concebir esas dimensiones, o por el espíritu del reduccionismo, que nos invita a olvidar una de ellas.[1]

No muy distinta es la imagen que sugiere Kant en un famoso pasaje de la *Crítica de la razón pura*.

---

[1] R. S. Crane, *The Idea of the Humanities*. Vol. 1. Chicago: The University of Chicago Press, 1967, p. 14.

En ese pasaje, Kant hace un alto para sintetizar los hallazgos que hasta ese momento había alcanzado. Se trata de la demarcación entre el mundo de los fenómenos, que configuran nuestra experiencia, y de las cosas en sí mismas, cuya índole solo podemos suponer. Así, lo que llamaríamos el saber humano o el conjunto de la cultura aparece como una isla —los fenómenos a los que accedemos— rodeada por un mar proceloso e incierto —las cosas en sí—. La llamó «la isla de la verdad». Una imagen que se empleó antes de la *Crítica*, mencionando una isla conectada por puentes a «la tierra de la experiencia»,[2] y es probable que Kant la haya tomado de una obra de Francis Bacon.[3] En torno a esa isla, imaginó, habría un mar ignoto, al que presenta como un océano «ancho y borrascoso».

La figura, influida sin duda por los descubrimientos tan cercanos a la época en que escribía, es magnífica y sugiere que los seres humanos no se contentan con las verdades a la mano, sino que se sienten tentados de abandonar la isla en busca de verdades inciertas. La imagen de Kant sugiere que la razón especulativa es como un

[2] Véase: Immanuel Kant, *Critique of Pure Reason*. Cambridge: Cambridge University Press, 1998, p. 559.

[3] Francis Bacon, *Temporis Partus Maximus*: «De hecho, si las condiciones y los proyectos políticos no hubieran puesto fin a estos viajes mentales, estos navegantes habrían tocado muchas otras orillas del error. Porque la isla de la verdad está rodeada por un océano poderoso en el que muchas inteligencias se ahogarán en tormentas de ilusión». Citado por: Michèle Le Doeuff, *The Philosophical Imaginery*. Londres: Continuum, 2002, p. 9.

barco que se desvía en muchas direcciones a medida que surgen indicios de tierra firme. Describió el océano que rodea la isla como una «patria de la ilusión» puesto que engañaría una y otra vez al navegante ansioso de descubrimientos, llevándolo a «aventuras que nunca es capaz de abandonar; pero que tampoco puede concluir jamás». Los seres humanos serían a fin de cuentas navegantes a los que atrae más la verdad que insinúan las brumas que las certezas que encuentran en su isla. Y aunque la prudencia —que es el nombre que Kant daría a lo que hoy llamamos utilidad— les aconsejaría no abandonar esa isla, no pueden evitar hacerlo:

No solo hemos recorrido el territorio del entendimiento puro y examinado cuidadosamente cada parte del mismo, sino que, además, hemos comprobado su extensión y señalado la posición de cada cosa. Ese territorio es una isla que ha sido encerrada por la misma naturaleza entre límites invariables. Es el territorio de la verdad —un nombre atractivo— y está rodeado por un océano ancho y borrascoso, verdadera patria de la ilusión, donde algunas nieblas y algunos hielos que se deshacen prontamente producen la apariencia de nuevas tierras y engañan una y otra vez con vanas esperanzas al navegante ansioso de descubrimientos, llevándolo a aventuras que nunca es capaz de abandonar, pero que tampoco puede concluir jamás.[4]

4   Immanuel Kant, *Crítica de la razón pura*. Madrid: Taurus, 2013, B294/A236.

Años después de haber escrito la *Crítica* —la crítica por antonomasia, esto es, la *Crítica de la razón pura*—, y cuando el tiempo comenzaba a hacer de las suyas en esa cabeza genial, Kant escribió otro texto que parece sugerir de qué forma la universidad es, por decirlo así, el barco que circunnavega esa isla y cuyos navegantes serían capaces, desde el océano, de ver el contorno de esa isla a un lado de la navegación y el mar borrascoso y amenazante al otro.

Se trata de *El conflicto de las Facultades*.

Es el último texto publicado por Kant —apareció en 1798 y su autor moriría cuatro años después—. Es el escrito de un filósofo ya anciano —aunque no hay nada en el texto que lo sugiera— y en el cual se contiene la opinión de una de las cumbres de la época acerca de la institución universitaria y la tarea de navegación, para seguir con la imagen, que le incumbe. A la fecha en que compone ese texto, como veremos, Kant ya había padecido la censura y se había opuesto conceptualmente a ella; pero es con este texto donde encara el asunto, examinando la totalidad de las relaciones entre el trabajo académico y la utilidad que de este se espera y sienta las bases de la moderna conciencia que la universidad empieza a cultivar acerca de sí misma y del vínculo indisoluble que tiene con las humanidades.

El texto se origina en una experiencia previa: las vicisitudes que padeció *La religión dentro de los límites de la mera razón*.[5]

---

[5] Para lo que sigue, véase: M. Kuehn, *Kant*. Madrid: Acento Editorial, 2003, pp. 505 y ss.

Una vez que compuso ese texto —y a fin de eludir una experiencia de censura que ya había padecido— Kant lo sometió a la Facultad de Teología a fin de que ella decidiese si el libro era una contribución a la teología bíblica o a la filosofía. El asunto no era una simple cuestión teórica o de competencias disciplinarias, sino política. Los profesores tenían derecho a ser juzgados por su propia facultad, de modo que si el libro era de filosofía, el decano podría autorizar su publicación. Se decidió que el libro era de filosofía y entonces Kant, siempre cuidadoso —y para no involucrar a las autoridades de Königsberg—, envió el libro a la ciudad de Jena, donde se autorizó su impresión y fue publicado. El libro contiene la doctrina del «mal radical» y afirma, entre otras cosas, que el cristianismo es «una religión natural». En lo inmediato, el libro no suscitó reacción alguna, hasta que, a continuación, se publicó el trabajo *Sobre el dicho común: Esto puede ser cierto en teoría, pero no es adecuado para la práctica.* Allí Kant argüía a favor de la libertad de pluma: el derecho irrestricto del ciudadano a hacer saber su opinión sobre cualquier cosa que le parezca injusta para la comunidad.

La respuesta entonces no se hizo esperar:

Nuestra más excelsa persona —observó Federico— viene observando con gran disgusto que desde hace tiempo utiliza usted su filosofía para distorsionar y evaluar negativamente [*Herabwürdigung*] muchas de las enseñanzas cardinales básicas de la Sagrada Escritura y del cristianismo, sobre todo en su obra *La religión dentro de los límites de la mera razón*, como también en otros tratados más breves. Esperábamos mejores cosas de su parte, como usted mismo puede comprobar; pero usted ha preferido actuar irresponsablemente contra su propio deber como maestro de la juventud y contra nuestro paternal propósito, que usted conoce muy bien. Exigimos de usted inmediatamente el informe más completo y exhaustivo sobre sus actividades, y esperamos que, para no aumentar aún más nuestra desaprobación, evite en el futuro comportamientos semejantes. De no hacerlo, debe usted esperar medidas desagradables por su obstinación continuada.[6]

Kant respondió la reprimenda —dijo que nunca se había entrometido en las creencias ajenas y que, en cualquier caso, se abstendría en el futuro de toda exposición pública referente a la religión—, pero reservó la reflexión filosófica del asunto para *El conflicto de las Facultades.* Allí examina el lugar de la institución universitaria —aquello que la legitima— y sus relaciones con la autoridad. El texto principia a sentar las bases del relato que, de allí en adelante, va a legitimar a la universidad moderna y sus vínculos con las humanidades.

Kant presenta la universidad como una comunidad científica cuyos miembros deciden sobre sí mismos y que se organiza en facultades —corporaciones según las distintas ramas del saber—. Al margen de ese «gremio de eruditos» —los integrantes de la comunidad científica—

---

[6] Citado en: Ibídem, p. 524.

se encuentran los negociantes o peritos del saber —magistrados, médicos, eclesiásticos—, que se encuentran no entregados a su libre discernimiento sino sometidos a la censura y al control de las facultades:

> Estos, en cuanto órganos del gobierno (eclesiásticos, magistrados y médicos) ven sometido a la ley su influjo sobre el público en general y constituyen una clase especial de letrados que, lejos de ser libre para hacer un uso público de sus conocimientos, se halla bajo la censura de sus Facultades respectivas, ya que se dirigen directamente al pueblo, compuesto de legos en sus disciplinas (más o menos como el clero se dirige a los laicos) y el gobierno debe mantener el orden a fin de que, si bien detenten parte del poder ejecutivo dentro de sus especialidades, no acaparen el poder legislativo, ni tampoco se substraigan al poder judicial que compete a las Facultades.[7]

Las facultades, por su parte, se dividen en superiores e inferiores. Las primeras son aquellas que le interesan al gobierno y están sometidas a este (Medicina, Teología, Derecho), y la última (Filosofía, que equivale a Artes en la universidad medieval y abarcaba todo el saber humano de la época), que se encuentra entregada nada más que a sí misma. Cuando se trata de la verdad de ciertas doctrinas, explica Kant, quien las formula no puede invocar

---

[7]   Immanuel Kant, *El conflicto de las Facultades*. Madrid: Alianza Editorial, 2003, p. 63.

una orden superior o pretender que está cumpliendo un mandato, de otra manera no estaría empleando su razón de manera autónoma:

> Ahora bien, a la capacidad de juzgar con autonomía, esto es, libremente (conforme a los principios del pensar en general), se le llama razón. Y por lo tanto, la Facultad de Filosofía, en cuanto debe ser enteramente libre para compulsar la *verdad* de las doctrinas que debe admitir o simplemente albergar, tiene que ser concebida como sujeta tan solo a la legislación de la razón y no a la del gobierno.[8]

La universidad puede verse obligada a admitir o albergar ciertas doctrinas o quehaceres, pero a la hora de compulsar la verdad de ellas debe ser libre del todo. Una cosa es estar obligado a obrar de una cierta forma —admitir ciertas doctrinas, dice Kant— y otra cosa es ejercitar la razón frente a ellas puesto que en esto último no puede haber coacción. Para seguir con la metáfora de la isla de la verdad, los tripulantes pueden desembarcar en ella y quedarse una temporada allí, pero no pueden olvidar que su vocación más profunda es hacerse a la mar. *Volta do mar*, llamaban los navegantes portugueses a la maniobra consistente en alejarse de las zonas calmas para encontrar los vientos que llevaban a nuevos descubrimientos. Esa —y no otra— parece ser la tarea de la universidad y de las humanidades que la acompañan.

---

[8] Ibídem, p. 76.

En nuestros días, sin embargo, esa conciencia que la universidad moderna había llegado a tener acerca de sí misma se ha erosionado de múltiples formas, arrastrando consigo, como veremos, a las humanidades, algunos de cuyos cultores aseveran que la isla de la verdad no existe y es inevitable entonces navegar ilimitadamente, puesto que no habría dónde desembarcar y los marineros, lo acepten o no, estarían condenados a rearmar el barco cada cierto tiempo en medio de la navegación.

Ese punto de vista —somos marineros de un barco sin isla en la que desembarcar— es hoy sostenida por quienes piensan que las bases sobre las que, en general, descansan las humanidades y el quehacer reflexivo de las instituciones que las cultivan, simplemente no existen.

Uno de los autores más influyentes en esa línea, además, claro, de Foucault, a quien pronto nos referiremos, es Derrida. Su crítica a la metafísica, las cuestiones que plantea sobre la idea de presencia —la idea de que hay una realidad subyacente que el lenguaje podría, siquiera en ocasiones, atrapar— y su crítica a la ecuación entre voz, razón y sujeto han sido influyentes a la hora de modificar las ideas en que tradicionalmente han descansado las humanidades. Un texto suyo formuló tal programa:

Hay, pues, dos interpretaciones de la interpretación, de la estructura, del signo y del juego. Una pretende descifrar, sueña con descifrar una verdad o un origen que se sustraigan al juego y al orden del signo, y que vive como un exilio la necesidad de la interpretación. La otra, que no está ya vuelta hacia el origen, afirma el juego e intenta pasar más allá del hombre y del humanismo, dado que el nombre del hombre es el nombre de ese ser que, a través de la historia de la metafísica o de la onto-teología, es decir, del conjunto de su historia, ha soñado con la presencia plena, el fundamento tranquilizador, el origen y el final del juego. Esta segunda interpretación de la interpretación, cuyo camino nos ha señalado Nietzsche, no busca en la etnografía, como pretendía Lévi-Strauss, de quien cito aquí una vez más la introducción a la obra de Mauss, «la inspiración de un nuevo humanismo».[9]

Mientras que las humanidades —sobre todo cuando se encontraban atadas al humanismo— presentaron al sujeto humano como un agente soberano, al lenguaje como un medio en que la realidad se transparentaba, y a la verdad como el producto de una razón que trascendía la historia, este tipo de programa, en especial a partir de la segunda mitad del siglo XX, cuestionó, como hemos visto, la autonomía y la agencia del sujeto, la transparencia del lenguaje, los fundamentos de la razón y, desde luego, la idea de que existieran verdades que trascendieran el contexto en el que se las aseveraba.

Detengámonos por un momento en esos aspectos: la verdad y el sujeto.

La existencia de la verdad ha sido socavada de múltiples formas. La más obvia es la idea de que los enunciados

---

[9]   Jacques Derrida, «La estructura, el signo y el juego en el discurso de las ciencias humanas», en: *La escritura y la diferencia*. Barcelona: Anthropos, 1989.

que proferimos, como son relativos al tiempo y lugar desde el que se enuncian, valdrían nada más que para quienes comparten la misma situación. La verdad del enunciado estaría siempre, se dice, infestada de los rasgos del lugar desde el que se emite y entonces la pretensión de universalidad que la verdad llevaría consigo se revela simplemente absurda. De otra parte, se agrega, recurriendo a los textos de Herder o de Humboldt, el lenguaje que usamos configura lo que llamamos realidad: el lenguaje constituiría la realidad, aquello de lo que hablamos. Los nombres no designarían elementos prelingüísticos, puesto que el acto de nombrar las cosas sería igual a atribuirles las características que hacen que sean lo que son —para nosotros—. Es lo que aseveran los famosos versos de Jorge Luis Borges:

Si (como el griego afirma en el *Cratilo*)
el nombre es arquetipo de la cosa,
en las letras de rosa está la rosa,
y todo el Nilo en la palabra Nilo.

Esa idea es incompatible, como es obvio, en especial con una concepción de la verdad, aquella que supone, al menos en la versión aristotélica, que lo que se dice de una cosa coincide con lo que esta es. Porque si resulta que lo que esta última es el resultado del lenguaje —la concepción que, hemos visto, formuló Humboldt—, la idea de concordancia entre el lenguaje y la realidad acaba sonando tonta porque sería equivalente a decir que la verdad de un enunciado es su coincidencia consigo mismo. Pero, luego de esa crítica, queda en pie la idea de que la verdad equivale a la justificación: designaría que lo que decimos está suficientemente justificado frente a la audiencia cultural a la que pertenecemos.[10] Así, la crítica a la verdad como correspondencia no afecta a la verdad como justificación de nuestros enunciados.

[10]   En la literatura pueden distinguirse al menos cuatro concepciones de la verdad. La teoría de la verdad *como correspondencia* define la verdad como correspondencia entre nuestras creencias, juicios o y la manera en que el mundo es. Su definición más clásica se encuentra en Aristóteles: «Decir de lo que es, que es, o de lo que no es que no es, es verdadero; decir de lo que es que no es, o de lo que no es que es, es falso» (en: *Metafísica*, Γ, 727). Las teorías *pragmatistas*, por su parte, frecuentemente asociadas a James y a Peirce, buscan dilucidar qué es útil en la noción de verdad. Peirce sugirió (en su famoso ensayo «The fixation of belief», reproducido en: *Popular Science Monthly*, núm. 12, noviembre de 1877) que la verdad alude a la fijación de nuestras creencias y abrió así la posibilidad de las concepciones epistémicas de la verdad, la verdad como justificación ante una audiencia. Las teorías de la *coherencia* conciben la verdad como aquello que sería creído en un sistema coherente (es decir, consistente) de creencias (sin relación con la manera en que el mundo es). En fin, las teorías *deflacionarias* sugieren que la verdad tiene una simple función lógica de asentimiento, o de aval, en un lenguaje determinado (*cautionary use*). Para la teoría de la verdad como correspondencia, la verdad es una propiedad de una proposición *al margen de que exista algún sujeto cognoscente que la sostenga*. Algo puede ser verdadero con prescindencia del hecho de que sepamos o no que es verdadero. Se trata de una posición radicalmente no epistémica a la hora de concebir la verdad. Por contraste, las teorías pragmatistas de la verdad y las concepciones de la verdad como coherencia entienden que la verdad envuelve alguna relación con sujetos cognoscentes actuales o futuros. Por ejemplo, para la concepción pragmatista un enunciado o proposición solo sería verdadero si es el caso que es aceptado por algún sujeto cognoscente. Del mismo modo, las teorías de la coherencia sugerirían que una proposición es verdadera si pertenece a un sistema de creencias de un sujeto que, por ejemplo, cumpla ciertas cualidades epistémicas (*v.gr.* omnisciente, infalible, etc.).

Otra de las ideas que circulan con frecuencia en la universidad —y que suele esgrimirse para cancelar el diálogo o el debate racional, reduciéndolo a una simple pugna de poder y de intereses— es aquella según la cual el sujeto, es decir, el individuo, como centro de raciocinio y capaz de participar esgrimiendo ideas objetivas, no existe puesto que, en realidad, solo habría procesos de subjetivación: procesos culturales o históricos que producen sujetos quienes quedarían empapados del lugar en el que se configuraron. Así, el lugar desde el que se habla —la clase, el género, la etnia— tendría la última palabra, lo que es lo mismo, o es casi equivalente, a presentar el debate racional como un simple disfraz de las posiciones de poder. Una manifestación de esta idea es la que funda algunas de las peticiones frecuentes en la vida universitaria de que no sean las ideas las que estén representadas en los currículos o en los planes de estudio, sino los diversos procesos en los que se configuró el sujeto que las sostiene.

Esas ideas, cuando se las exagera, conducen a conclusiones que socavan a las humanidades en sí mismas y vuelven absurdos los quehaceres que le son más propios, como lo muestra el artículo de Sokal con el que iniciamos este ensayo. Un ejemplo de ello es lo que ha ocurrido con el acto de leer en la obra de Stanley Fish, que ha llegado a ser muy popular en la academia y en las luchas por su currículo. En *Is there a text in this class?* ha sostenido que, si miramos las cosas con cuidado, advertiremos que no hay tal cosa como un texto que preceda a la interpretación desde que todo texto sería el producto de una interpretación. Los autores de la *Enciclopedia*, sugiere Fish, se engañaron, creyeron componer un texto que transmitía información acerca del mundo, cuando en realidad lo que hacían era proveer una ocasión para múltiples interpretaciones. Si un texto tiene la pretensión de ilustrarnos con la verdad, en realidad está destinado a confundirnos, puesto que un texto que se presenta a sí mismo de esa forma oculta las condiciones, siempre parciales e interesadas, de su propia producción:

> El hecho de estar de acuerdo (en la interpretación de un texto acerca de un objeto), más que una prueba de la estabilidad de los objetos, es el testimonio del poder de una comunidad interpretativa para constituir esos mismos objetos.[11]

Si hubiera que sintetizar ese punto de vista que ejemplifica los extremos a que conduce esa torsión de las humanidades sobre sí mismas, habría que decir que al comienzo los textos tuvieron una función de desenmascaramiento de los prejuicios; ahora se nos dice que son los textos los que deben ser desenmascarados.

¿Cuál es el origen de este punto de vista que, mal entendido o empleado como sustituto de ideas más complejas, amenaza con dañar la vocación más tradicional de las humanidades?

---

[11] Stanley Fish, «What Makes an Interpretation Acceptable?», en: *Is There a Text in This Class? The Authority of Interpretive Communities*. Massachusetts: Harvard University Press, 1980, p. 338.

La palabra «sujeto» tal como la entenderemos en lo que sigue, y como se la entiende todavía de manera predominante en nuestra cultura, designa lo que en la literatura filosófica se denomina como sujeto cartesiano. Se le llama así porque fue Descartes quien situó de forma sistemática el lugar del sujeto como fundamento del conjunto de la realidad. El problema del que Descartes se ocupó en sus *Meditaciones metafísicas* fue el de la legitimidad de nuestro conocimiento, de nuestras creencias acerca del mundo. Su pregunta no fue qué pienso o creo, sino qué tengo derecho a pensar o creer. Para Descartes, según pudo concluir en la sexta de sus meditaciones, el piso fundante de la realidad y del conocimiento es la certeza que cada uno tiene de sí o, si se prefiere, la certeza de que uno puede dudar de todo salvo del hecho de que duda, de donde se sigue que la conciencia de sí mismo, *una conciencia que es transparente para sí misma, es la única garantía que tenemos del conjunto de la realidad.* Esta idea de Descartes, que parece un asunto nada más que de filósofos, es la que subyace en la cultura moderna: la idea de que cada uno tiene un yo que es transparente para sí —un yo que la razón guía y controla— es la que sustenta cosas en apariencia tan lejanas como la idea de autonomía que subyace en los derechos individuales o incluso la misma idea de democracia. La subjetividad, la conciencia que cada uno experimenta de sí como la última garantía de la realidad: ese es uno de los rasgos subyacentes en la cultura moderna, tal y como explica, si bien con ánimo crítico, Heidegger en *La época de la imagen del mundo.*

En otras palabras, con Descartes la *questio juris* —¿qué tengo derecho a creer y a tener por acreditado?— se resuelve por referencia en última instancia a la mente, al yo. De ahí que el sujeto se erija, entonces, como la garantía última.

Ahora bien, uno de los rasgos más acusados en la literatura contemporánea es el rechazo de esa noción de sujeto. Desde Habermas a Derrida, pasando por toda la literatura posmodernista, es posible encontrar un desafío a esa idea de sujeto. Hay, por supuesto, algo de razón en el rechazo de ese modo de concebir al sujeto y en especial en la comprensión de ese concepto como opuesto al mundo; pero lo que desgraciadamente ocurre es que el rechazo se transforma y se aprende como caricatura hasta deformar el conjunto del problema.

Lo que cabe entonces preguntarse es cómo se constituye esa desconfianza en el sujeto moderno, qué problemas son los que originan la crisis que esa idea de sujeto experimenta. Para comprenderlos —no resolverlos, por supuesto, sino comprender su alcance y su significado— hay tres textos que han configurado lo que podríamos llamar la crisis del sujeto.

El primero es un breve texto que Kant escribió hacia 1784, cuando tenía apenas sesenta años —todavía viviría otros veinte, ayudado, sin duda, por su férrea y rigurosa disciplina—.[12] En este texto, que circuló en primera instancia

---

[12] Immanuel Kant, «Respuesta a la pregunta ¿Qué es Ilustración?», se tuvo a la vista la edición incluida en: *En defensa de la Ilustración*. Barcelona: Alba, 1999; Cfr. Michel Foucault, «Seminario sobre el texto de Kant *Was ist Aufklärung?*», en: *Sobre la Ilustración*. Madrid: Tecnos, 2007.

como artículo de periódico, el filósofo de Königsberg describe la situación de los hombres de su tiempo como un estado de minoría de edad en que se les mantendría autoritariamente. Para ello emplea un concepto jurídico, minoría de edad, para describir la situación: ocurre que el menor de edad es alguien que no puede conducirse a sí mismo sino que debe ser guiado por un tutor, es decir, por una voluntad ajena que le dice cómo debe conducirse. De ahí entonces la descripción de Kant de los hombres de su tiempo como pupilos: un pupilo, en el derecho de la época y en el de hoy, es quien es conducido por un tutor. Pero, y esto es lo relevante, esa situación de minoridad en que los seres humanos se encuentran es el resultado, hasta cierto punto, de sí mismos puesto que tal estado de minoría de edad se debe a la propia negligencia de los seres humanos. ¿En qué consiste, cabría preguntarse, esa negligencia? Tal descuido respecto de sí mismo consiste en no usar la propia razón para conducir la vida. De ahí el lema de la Ilustración: Atrévete a hacer uso de tu sola razón, esto es, condúcete conforme a tu propio discernimiento. Al uso radical de ese discernimiento, Kant lo denomina, en el texto que estamos analizando, «uso público de la razón». La índole pública de la razón no proviene del hecho de que ella se ejercite ante el público, es decir, en un escenario o, diríamos hoy, en un medio de comunicación de masas, sino que el carácter público de la razón se manifiesta cuando se la ejercita conforme nada más que a sus propias reglas, sin someterse a ningún argumento de autoridad u otra consideración distinta a la de la propia razón.

Así entonces el texto de Kant plantea una fuerte orientación normativa para la manera de conducirse los seres humanos: ser dueños de sí mismos mediante el uso de su razón. El autor de la *Crítica* gustaba de usar metáforas jurídicas y en este texto usa la de la adultez o mayoría de edad. El mayor de edad, en el derecho de entonces y el de ahora, es quien tiene la facultad de actuar por sí mismo sin el ministerio o autorización de otra persona. Ese es el ideal ilustrado, según Kant: salir de la culpable minoría de edad y, ejercitando la razón, hacerse dueño de sí mismo. Por supuesto, ese ideal plantea, de inmediato, un problema: ¿tienen los seres humanos la facultad que Kant les asigna, esto es, la razón? Kant ya había examinado ese problema en 1781, cuando aparece la primera edición de la *Crítica de la razón pura*, y su respuesta era sí, que los seres humanos contábamos con una facultad racional que descansaba sobre algunos principios *a priori*, anteriores a toda experiencia posible.

Conocemos las cosas, concluyó, mediadas por una serie de formas *a priori*, anteriores a toda experiencia. Esas formas nos permiten organizar la experiencia que, de otra manera, se nos escaparía como un flujo caótico y desordenado; pero, a la vez, esas mismas formas nos impiden saber cómo son las cosas en sí mismas. Las formas *a priori* nos permiten ver y al mismo tiempo nos ciegan. Hasta nosotros, dijo, llegan los fenómenos, las cosas mediadas por las formas *a priori*; pero las cosas tal como son en sí mismas, el noúmeno, como las llamó, se nos escapan.

Esas conclusiones poseyeron un largo alcance en la filosofía y en la vida social. Para comprender de qué manera esas consideraciones técnicas respecto de la existencia de fenómenos y nóumenos podrían tener utilidad en la vida social, es imprescindible dar un breve rodeo.

Al acreditar la existencia de formas *a priori* que nos permiten asistir a la experiencia como un continuo, entre otras cosas, de causalidad, Kant sitúa al hombre en la esfera de lo condicionado. Cada uno de sus actos —incluidos los designios de su voluntad— serían parte de la gran cadena causal del universo. Pero ocurre que la práctica moral que los seres humanos llevamos adelante —por ejemplo, la de criticar mutuamente nuestras actuaciones, pedirnos cuentas por ellas, congratularnos o sancionarnos, que es lo que hacemos en la política o en el derecho— suponen que nuestra voluntad es la causa original de lo que hacemos y que en ella habría un momento de incondicionalidad: nuestra voluntad sería entonces, incausada. En tal caso, parecen haber nada más que dos alternativas. O nuestra práctica moral y política es una fantasía, un simple engaño del que somos autores y víctimas, puesto que no podríamos escapar de la causalidad o ha de haber algún momento de incondicionalidad en nuestro obrar que nos hace libres. Pero, en este último caso, ¿cómo llegar a esa conclusión sin incurrir en los excesos de la metafísica y del mero racionalismo?

Al resolver ese problema, Kant mostró todo su genio. Es el conocido argumento trascendental. Si, como es el caso, poseemos una indiscutida práctica social en torno al deber y la responsabilidad, la pregunta que debemos hacer es: ¿cómo debemos ser nosotros y el mundo para que esa práctica tenga sentido? Si nos atuviéramos a la descripción del mundo que resulta de los fenómenos, esa práctica estaría condenada como un sinsentido, nuestra vida moral sería «un cuento contado por un idiota que no significa nada», puros ruidos y furias. La libertad tendría que abandonar su puesto a favor del mecanismo de la naturaleza. Hay, pues, solo una salida: tenemos que ser capaces de *pensarnos* como seres puramente racionales, capaces de iniciar series causales con prescindencia de todo otro factor. Pero eso significa, en este caso, que al lado de la realidad percibida como causal ha de haber otra que no lo sea, otra que no podemos probar —por impedirlo la índole del conocimiento humano— pero que estamos obligados a suponer. Como fenómenos, somos un eslabón más en una cadena de causalidad potencialmente infinita; en cuanto noúmenos, somos racionales y estamos dotados de libertad práctica.

Pero podemos olvidar, por un momento, los aspectos técnicos del texto kantiano, para detenernos en su configuración —llamémosla— cultural: como suele ocurrir con la filosofía, Kant está hasta cierto punto expresando un ideal que ya comienza a esparcirse por la cultura pública de su tiempo, el ideal del ser humano como un ente capaz de discernir el tipo de vida que quiere llevar y conducirse a sí mismo. El ideal, como vimos al comienzo, que inspira, en buena parte, a la universidad moderna.

El segundo texto que permite plantear el problema es un texto que Freud escribió hacia 1917. El texto se llama

«Una dificultad del psicoanálisis» y allí Freud identifica lo que, a contar de entonces, se van a llamar las tres heridas narcisistas.[13]

Freud llama narcisismo a una situación en que la libido, la energía erótica, en vez de dirigirse a los objetos, se mantiene orientada hacia el mismo individuo. Freud describe el proceso que hoy llamaríamos de maduración como un tránsito de la libido desde el sujeto al objeto. Con todo, dice él, incluso en la madurez, la libido se mantiene fijada al sujeto y a eso lo llama narcisismo, en recuerdo de la leyenda del adolescente Narciso enamorado de su propia imagen. Ahora bien, continúa Freud, el narcisismo de la humanidad ha sufrido por causa de la investigación científica, que es una de las formas más excelsas de la racionalidad, tres heridas, tres heridas narcisistas: la primera la habría infligido Copérnico al constatar que la Tierra no era el centro del universo, sino un planeta más que giraba alrededor del Sol. La idea de que la Tierra estaba fija ayudaba a hacer plausible, dice Freud, el supuesto de que el hombre estaba en el centro del universo. Así, el amor propio humano padeció su primera ofensa, la ofensa cosmológica. Una segunda herida la infligió Darwin. El hombre no solo se consideró siempre el soberano de la creación, sino que se consideró a sí mismo un ente del todo distinto respecto de todos los demás seres: entre él y los otros habría un abismo. Este abismo,

---

[13]   Sigmund Freud, *Obras completas*. Vol. 17. Buenos Aires: Amorrortu, 1992.

dice Freud, es más bien tardío. En las culturas primitivas era natural que los seres humanos se vieran a sí mismos como descendientes de un animal totémico. Darwin puso fin, dice Freud, a esta exaltación del hombre: el abismo entre él y los demás seres simplemente no existía. De este modo, a la ofensa cosmológica al narcisismo humano se suma ahora la ofensa biológica. Pero la ofensa más grave, explica Freud, es la tercera. El hombre, aunque humillado a nivel exterior, se siente soberano de sí mismo, de su propia alma. Él piensa que cuenta con un yo pensante que es capaz de controlar y conducir su existencia. Pero, como lo muestran las experiencias neuróticas, el yo es a veces acosado por huéspedes indeseables, fuerzas y pensamientos, temores incontrolables. Y el análisis muestra que esos huéspedes no son intrusos, sino que pertenecen al mismo individuo o, en otras palabras, que una parte de la vida anímica se ha sustraído al conocimiento del individuo y a la soberanía de su voluntad.

Parece haber, desde luego, un obvio contraste entre esos dos textos. En efecto, en uno de ellos, en el texto de Kant, se afirma la soberanía de la racionalidad, se proclama la posibilidad de que el ser humano, el hombre o la mujer, sean dueños de sí mismos, conduzcan su propia vida. En el otro, en cambio, esa posibilidad parece desmentirse, puesto que se afirma que parte del ser humano escapa a la soberanía de la voluntad. En un texto se afirma que la razón puede ser soberana; en el otro, en cambio, que no, que hay parte de la vida anímica que el individuo no puede controlar a voluntad. Se trata, sin embargo, de una contradicción aparente puesto que Freud sostiene que una parte nuestra es capaz de sobreponerse a esas fuerzas inconscientes y hasta cierto punto convivir con ellas y domesticarlas hasta que cada uno logra erigirse en su propio padre.

¿De dónde surge entonces la popularidad de esa idea según la cual no hay sujetos, sino procesos de subjetivación; no contenido discursivo, sino lugares desde donde el discurso se emite; no la preocupación por lo que se dice, sino el interés casi exclusivo por el lugar desde el que se habla?

Ella proviene ante todo de los textos de un autor brillante a la hora de descomponer los contenidos de la cultura, mostrando su genealogía.

Michel Foucault perteneció a la generación que siguió a la de Sartre, a la generación de los últimos mandarines de la cultura francesa. Pues bien, Foucault escribió en 1966 un bello pero difícil texto, titulado *Las palabras y las cosas*, que ha dado origen a una multitud de interpretaciones, en especial por el lugar que a ese texto le cabría en la amplia obra de Foucault. Pero, por ahora, podemos dejar de lado esos problemas interpretativos para considerar el problema que hemos dejado planteado. Hasta ahora hemos oído a Kant proclamando su famoso *Sapere aude!* —¡Atrévete a saber!, ¡hazte dueño de ti mismo!— y a Freud sosteniendo que quizá esa posibilidad no es más que un sueño narcisista porque el hombre no sería dueño ni siquiera en su propia casa.

Hacia el final de *Las palabras y las cosas*, en el último apartado del libro, para ser más precisos, Foucault afirma que «el hombre no es el problema más antiguo ni el más constante que se haya planteado el saber humano». Sería, más bien, «una invención cuya fecha reciente muestra con toda facilidad la arqueología de nuestro pensamiento. Y quizá también su próximo fin».

Foucault concluye su reflexión con este contundente párrafo:

> Si estas disposiciones desaparecieran tal como aparecieron, si, por cualquier acontecimiento cuya posibilidad podemos cuanto mucho presentir, pero cuya forma y promesa no conocemos por ahora, oscilaran, como lo hizo, a fines del siglo XVIII, el suelo del pensamiento clásico, entonces podría apostarse a que el hombre se borraría, como en los límites del mar un rostro de arena.[14]

Foucault afirma que el hombre, tal como lo conocemos hoy, es decir, el ser humano como un sujeto capaz de conducirse, racional y dueño de sí, es una invención. ¿Qué quiere decir Foucault cuando afirma que el hombre es una «invención»? En *Las palabras y las cosas* la palabra «invención» se emplea como contrapuesta al concepto de origen. Decir que el hombre es un invento quiere decir, entonces, que tal como lo concebimos hoy carece de origen, es decir, que no tiene una naturaleza, un principio fijo e inconmovible al que pueda reconducir su existencia. Mientras

---

[14] Michel Foucault, *Las palabras y las cosas*. México: Siglo XXI, 1968, p. 375.

el origen se inscribe en la índole misma de la naturaleza —de manera que lo que somos no podría ser indócil a su origen—, una invención es, hasta cierto punto, contranatural, antinatural, subvierte la naturaleza. Foucault gusta de citar un texto póstumo de Nietzsche, escrito en 1873:

> En algún punto perdido del universo, cuyo resplandor se extiende a innumerables sistemas solares, hubo una vez un astro en el que unos animales inteligentes inventaron el conocimiento. Fue aquel el instante más mentiroso y arrogante de la historia universal.[15]

Hay pues ciertas condiciones, ciertas «disposiciones», las llama Foucault, gracias a las cuales apareció la figura del hombre tal como la conocemos, el hombre como un sujeto enfrente del mundo, capaz de conocerlo y de conducirse a sí mismo. Y, por lo mismo, si esas disposiciones desaparecieran, esa idea del hombre también se borraría «como un dibujo en la arena».

Lo que cabe entonces preguntar a Foucault, para completar la comprensión del texto que ahora analizamos, es cuáles son esas disposiciones que hicieron posible que el hombre como sujeto apareciera. Foucault sugiere que la idea del hombre como sujeto se hizo posible cuando apareció el concepto de representación.

---

[15] Friedrich Nietzsche, «Sobre verdad y mentira en sentido extramoral», en: *Sobre verdad y mentira en sentido extramoral y otros fragmentos de filosofía del conocimiento*. Madrid: Tecnos, 2012, p. 15.

La idea de representación, explica Foucault, aparece en el siglo XVII, en la época clásica, cuando empieza a elaborarse el discurso de la totalidad, pretendiendo ordenar o clasificar todo lo existente de manera más o menos exhaustiva. El hombre empieza así a concebirse como un sujeto enfrente de lo existente y capaz entonces de categorizarlo, de ordenarlo de manera clara y firme. Ahora bien, esa forma de concebir la representación supone que el sujeto que la elabora está situado *fuera del orden que se describe y se clasifica; supone, por decirlo así, que hay alguien capaz de mirar el conjunto.* Pero ¿qué ocurre si de pronto el mismo sujeto que se representa el mundo aspira a incluirse dentro de la representación? Cuando esto ocurre estamos, piensa Foucault, en el umbral de la modernidad. Esta idea la representa con un cuadro de Diego de Velázquez, *Las meninas*, pintado hacia mediados del siglo XVII. Ese cuadro, una pintura de gran formato donde se retrata a la infanta Margarita, hija de Felipe IV, acompañada de su séquito, posee la particularidad de que el pintor se retrata a sí mismo en la actividad. En otras palabras, el sujeto intenta no solo representar el mundo que tiene ante sí, sino que se esfuerza por representarse a sí mismo, examinando de esa forma las condiciones que hacen posible la misma representación. Es lo que hizo Velázquez —a quien Ortega llamó el «hombre anegado de talento»—: pintarse a sí mismo pintando. Sin embargo, ese intento parece estar destinado al fracaso porque, como explica el mismo Foucault, el pintor —o el sujeto— «jamás puede estar presente sin residuos, aunque sea en una representación que se da a sí misma como espectáculo».

Lo que detecta Foucault en ese texto es lo que ocurriría con el sujeto tal como lo describe Kant en el famoso problema de la apercepción trascendental. Kant, en consonancia con la tradición filosófica de su época, llama apercepción a la conciencia que acompaña el acto de percibir o, más ampliamente, de conocer. Cuando percibo el día, claro, estoy consciente de ser yo quien lo percibe; pero ¿qué yo es ese? Kant sugiere que ese yo es una cosa al final incognoscible, que podemos pensar pero no conocer —por eso se trata de una apercepción trascendental—. Si no puedo acceder a las cosas en sí, entonces, ¿qué quiere decir que *yo* pienso esto o aquello?

¿No conduce todo esto a que el yo sea una ilusión?:

Lo que significa que «pienso» (puesto que se trata del *cogito*) equivale a «me represento que pienso». Lo que significa que el Ser del sujeto se clasifica como objeto de una representación, un objeto que, por una parte, presupone a este sujeto y, por otra, nunca contiene por sí mismo, en la medida en que es representado, ninguna realidad, del mismo modo que representarse a uno mismo un tálero no implica que uno tenga uno en el bolsillo. Así pues, el fundamento de cualquier Ser concebible está afectado por una profunda indigencia ontológica que nos impide atribuir al Ser mismo cualquier tipo de Ser. Nos guste o no, es la filosofía del sujeto mismo la que ha planteado la objeción más seria al sujeto, hasta el punto de volver problemática su propia existencia. Puede que Kant no elimine el sujeto de la problemática, como los fanfarrones de hoy, pero lo reduce a «una simple proposición» y nos permite, como mucho, y sin aportar la menor razón para ello, el derecho a pronunciarlo.[16]

Todo lo que esos textos sugieren es que nuestra época erige al ser humano como un sujeto soberano de sí mismo y de la historia y, al mismo tiempo, pone en duda las condiciones que lo hacen posible. En otras palabras, la crisis del sujeto significa un momento en el que una cierta concepción del hombre, del ser humano, es afirmada y, a la vez, examinada en sus condiciones de posibilidad o, si se prefiere, puesta en duda. Esta ambivalencia, consistente en afirmar la posibilidad del sujeto pero, al mismo tiempo, dudar de ella, es propia de la modernidad y en vez de refutar la racionalidad solo muestra la rara índole que la constituye.

La modernidad es la época que tiene mayor conciencia de la libertad subjetiva de los seres humanos, pero al mismo tiempo la que más descree de ella. Kant se pregunta cómo es posible conocer y, al responder esa pregunta, afirma a la vez la posibilidad del conocimiento, pero también sus límites. Como solo podemos conocer merced a formas que anteceden a toda experiencia posible, solo podemos conocer las cosas tal como se nos

---

[16]   Michel Henry, «The Critique of the Subject», en: Eduardo Cadava *et al.*, *Who Comes after the Subject?*, *op. cit.*, p. 159.

aparecen —con lo que afirma que podemos conocer— y no, en cambio, las cosas como son en sí mismas —con lo que, al mismo tiempo, detecta sus límites—. Esto significa, en el ámbito de la política y de la moral, que tenemos que suponer que nuestra voluntad es el inicio de una cadena causal, un inicio incausado so pena de tener que renunciar a nuestras prácticas morales y políticas. Así, para Kant, el sujeto existe sin ninguna duda y está pleno de dignidad y llamado a conducirse a sí mismo; pero cómo es en sí mismo no podemos saberlo.

En suma, Kant, y la Ilustración de la que él es parte, como explica Slavoj Žižek,[17] habrían puesto de manifiesto la imposibilidad de localizar al sujeto en la «gran cadena del ser», en el todo del universo. El sujeto estaría, a pesar de todos sus empeños, «fuera de juego», le faltaría un lugar, ser sujeto consistiría en experimentar cotidianamente esa falta. Pero experimentar la falta —que es a lo que conduce la crítica del sujeto— no conduce a la idea de que quien la experimenta no pueda reflexionar sobre ella.

Salta a la vista, sin embargo, que nada de lo anterior conduce a la idea —una idea que, sin embargo, se esgrime a veces para instituir a la universidad en un simple lugar de lucha— de que los puntos de vista y los análisis se reducen a identificar el lugar desde donde se pronuncia el

---

[17]   Kelsey Wood, «Kant», en: Rex Butler, *The Žižek Dictionary*. Essex: Acumen, 2014, p. 153; Cfr. Slavoj Žižek, *El espinoso sujeto. El centro ausente de la ontología política*. Barcelona: Paidós, 2001.

discurso o, como suele decirse, el lugar de la enunciación. Porque lo propio de la racionalidad es que ella es capaz de una reflexión de segundo orden que le permite referirse a ese lugar, algo, por lo demás, que en la obra del propio Foucault se advierte cuando busca un residuo desde el que justificar la oposición al poder que constituyó al sujeto en cada caso. Es cierto que esa reflexión de segundo orden no clausura el problema desde que ella misma puede a su vez ser cuestionada; pero en eso, en esa cadena sin fin de reflexividades, consiste el debate contemporáneo que, en vez de derogar o cancelar la razón, la ejercita.

Judith Butler —a quien nadie acusaría de esgrimir las banderas ilustradas y que, por el contrario, es una de sus más aguda críticas de la idea de que el sujeto es transparente a sí mismo— lo ha expuesto, como ya anticipamos, con particular claridad.

Hablar de la formación del sujeto, explica, significa aludir a algún factor *a priori* o antecedente al «yo» que lo activa y, en cierta forma, lo configura. De esta forma, agrega, al usar el pronombre en primera persona, el sujeto se refiere no solo a este sino también a las circunstancias externas que lo configuran. ¿Significa lo anterior que el sujeto no puede hablar de aquello que lo antecedió y acabó configurándolo? Desde luego, el discurso siempre tendría un punto ciego, una zona respecto de la cual el discurso descriptivo es imposible, como lo muestra con ironía Dickens en las primeras páginas de su *David Copperfield* —«Para empezar mi vida por el principio de mi vida, hago constar que nací, según se me ha informado y yo creo, un viernes a las doce en punto de la noche»—. El gesto similar a la ficción de Dickens se repite, sugiere Butler, en cualquier esfuerzo por narrar la formación del sujeto —no nos sabemos, y lo que sabemos lo ha impreso alguien en nosotros—. Todo esto no conduciría, sin embargo, a anular o «desacreditar cualquier concepción que sostiene que nuestra acción o deseo son independientes y demostrar que somos el efecto de fuerzas previas más poderosas».[18] Hay, pues, que tomar conciencia de que lo que llamamos razón o independencia depende de un mundo en el que, cuando las ejercitamos, lo convalidamos; pero ese mundo no es consistente, no es «una red integrada y armónica» sino un campo de antagonismos y disputa. Y esa disputa ha de llevarse adelante desde el sujeto que somos y la racionalidad de que estamos provistos. Tener conciencia de los factores *a priori* que nos constituyen no nos anula como sujetos racionales, sino que enseña algo que, como vimos, se encuentra en Kant: al afirmarse a sí misma, la razón detecta y describe también sus límites. ¿No era algo parecido a eso lo que enseñaba Kant en *El conflicto de las Facultades*?

Si, en cambio, como a veces se malentiende, el sujeto fuera tan solo un resultado de fuerzas extrañas —si el sujeto se redujera íntegramente al proceso del que surge, el proceso de subjetivación—, entonces la crítica del mundo no tendría dónde afincarse ni dónde plantar sus pies, de modo que el discurso carecería de sentido.

[18]   Judith Butler, *Los sentidos del sujeto*, *op. cit.*, p. 22.

Sobre un problema semejante a ese llama la atención Slavoj Žižek en su crítica a la noción historicista de sujeto cuyo paradigma, en su opinión, sería Michel Foucault. En vez de un mosaico de factores y circunstancias, ha de haber —arguye— un momento preontológico desde el que se erige la crítica y a partir del cual todo orden y toda identidad se muestran incompletos. No es que el sujeto cartesiano —como el yo de la apercepción trascendental de Kant— no exista: es que en él se revela una incompletitud que es imposible de colmar y a la luz de la cual toda realidad resulta insuficiente. Pero, al igual que en el caso de Butler, ¿acaso no es el sujeto quien detecta su propia herida al auscultarse?

Lo que muestra ese análisis es que la crítica del sujeto cartesiano —el individuo racional, dueño de sí mismo— no cancela la razón sino que, al contrario, es una muestra flagrante de la radicalidad que ella puede alcanzar. Y es que la razón habita la isla de la verdad, pero también se interna en el mar que la rodea.

Kant es el mejor ejemplo de eso. Cuando, inclinado sobre su escritorio, indagaba acerca de la razón humana e intentaba discernir cómo era que pudiésemos conocer y tener sentido moral en nuestra vida, ni afirmaba sin más la racionalidad, ni descreía del todo de ella. En vez de eso, afirmaba la racionalidad de los seres humanos pero, al mismo tiempo, nos invitaba a examinar sus límites. La famosa figura de la isla de la verdad es la mejor prueba: la razón está rodeada por el océano de las ideas y las ideas dependen, por supuesto, de las experiencias y circunstancias.

La razón y su ejercicio tienen una doble característica: la primera es la posibilidad de ejercer la racionalidad, que es un deber que debe cumplirse en todas las esferas de la vida. Sin embargo, este deber conlleva un acto paradójico de desconfianza. Kant nos insta a depositar nuestra confianza en la razón, sometiéndola al mismo tiempo a un riguroso escrutinio para comprobar su viabilidad en diferentes contextos. En este sentido, Kant puede considerarse el fundador del espíritu universitario contemporáneo, un lugar donde se ejerce y discute la racionalidad, y donde también se consideran los límites de este enfoque.

IX
LAS HUMANIDADES Y EL ROSTRO DE LO HUMANO

Uno de los textos más famosos de Foucault es el que se encuentra, como acabamos de recordar, hacia el final de *Las palabras y las cosas*. Allí sugiere que el hombre es el fruto de una serie de disposiciones, de una cierta *episteme*, que si desapareciera o se transformara, el propio ser humano acabaría borrándose «como en los límites del mar un rostro en la arena». Foucault no afirma, por supuesto, que la especie humana desaparecería, lo que sugiere es algo obviamente más sutil: la autocomprensión que nos guía es la que desaparecería y sería reemplazada por otras. No es, en cualquier caso, el único que ha pensado algo así. Años antes, en 1946 para ser más preciso, Heidegger escribía su famosa *Carta sobre el humanismo*. La redacta, como recordábamos al inicio de estas páginas, a propósito de una pregunta que le formula Jean Beaufret: ¿cómo recobrar el sentido de la palabra «humanismo»?[1] Heidegger explica que el pensamiento contenido en *Ser y tiempo* está contra el humanismo, pero que ello

---

[1] Martin Heidegger, «Carta sobre el humanismo», en: *Hitos*. Madrid: Alianza Editorial, 2007, p. 261.

no significa estar contra lo humano. De lo que se trata más bien, explica, es de pensar en qué consiste esto último. Hasta ahora, sugiere, se ha concebido al ser humano como el fundamento de todo lo que hay y lo que hay, la naturaleza e incluso los otros hombres, han sido vistos como materiales a su disposición. A eso lo llamó, en otro de sus textos, la época de la imagen del mundo. Sería esta una época técnica de alcance planetario que unifica a Oriente y Occidente, dejando en el aire preguntas que no podemos abandonar, según profetiza en otro de sus textos:

> Cuando el más apartado rincón del globo haya sido técnicamente conquistado y económicamente explotado; cuando un suceso cualquiera sea rápidamente accesible en un lugar cualquiera y en un tiempo cualquiera; cuando se puedan «experimentar», simultáneamente, el atentado a un rey en Francia, y un concierto sinfónico en Tokio; cuando el tiempo solo sea rapidez, instantaneidad y simultaneidad, mientras que lo temporal, entendido como acontecer histórico, haya desaparecido de la existencia de todos los pueblos; cuando el boxeador rija como el gran hombre de una nación; cuando en número de millones triunfen las masas reunidas en asambleas populares, entonces, justamente, entonces, volverán a atravesar todo este aquelarre, como fantasmas, las preguntas: ¿para qué?, ¿hacia dónde?, ¿y después qué?[2]

---

[2]   Martin Heidegger, *Introducción a la metafísica, op. cit.,* p. 75.

El desafío entonces sería el de volver a pensar lo humano hasta descubrir que su índole más propia es hacerse de un mundo, tejer en torno suyo una interpretación de todo lo que hay y alojarse en ella. Lo propio entonces del ser humano no es haber sido hecho de una vez y para siempre, como si la historia consistiera en desplegar una esencia inamovible, sino caer en la cuenta de que lo que tiene por mundo es el fruto de una compleja malla interpretativa que él mismo ha producido, solo que lo ha olvidado. De ahí que Heidegger sostenga que se debe repensar la historia del ser en Occidente. Así se vería, entonces, que a pesar de que la comprensión tecnológica del ser es nuestro destino, no es nuestra suerte inevitable, no es el modo en el que las cosas tienen que ser, sino nada más y nada menos que una de nuestras formas de comprenderla, lo que Heidegger llama un «claro».

Ese punto de vista de Heidegger no es distinto al que, acabamos de ver, era el elaborado por Kant.

Según Kant, cuando el físico se acerca con fines de conocimiento a la naturaleza no lo hace desnudo de ideas, esperando que la naturaleza le hable, sino que lo hace provisto de un pliego de preguntas, como si él fuera un juez que la interroga y la naturaleza, un testigo obligado a responder. La naturaleza, en suma, solo sería capaz de contestar las preguntas que se le dirigen o, como va a decir el propio Kant, en una frase aparentemente paradójica, «la razón no conoce más que lo que ella misma produce según su bosquejo». Pero si es así, volvamos a Heidegger: ¿qué significa esa capacidad del ser humano para interrogar a lo que está en derredor? Kant habría distinguido entre nuestro trato *con las cosas* que es espontáneo, natural, y nuestra comprensión *del ser de las cosas*; el conocimiento que tenemos de las cosas y que solemos recibir en la tradición o la cultura a la que pertenecemos, y nuestra capacidad de interpretar el ser de las cosas.[3]

Pero ¿podría desaparecer el ser humano como «el dibujo de un rostro en la arena»? ¿Supondría eso la desaparición de las humanidades?

El dibujo en la arena —el viejo ideal de la *humanitas*— podría desde luego desaparecer. Ello podría ocurrir porque tenemos una comprensión específica del ser humano a partir del trato cotidiano e irreflexivo que tenemos con él y que forma parte del mundo, la malla interpretativa a la que pertenecemos y que nos constituye. Pero tenemos la capacidad de interrogar a esa comprensión, dirigirle preguntas como el fiscal, imagina Kant, que interroga al testigo. Esa capacidad podría llevarnos a modificar nuestra comprensión y que esta se deshaga como un dibujo en la arena. La cultura sería esa arena en la que hemos dibujado la forma en que nos relacionamos con las cosas, hasta que nuestra capacidad interrogadora, las humanidades, borra el dibujo y principia a trazar las líneas de otro.

---

[3]   Martin Heidegger, *Kant y el problema de la metafísica*. México D.F.: Fondo de Cultura Económica, 1954.

X
EPÍLOGO

A lo largo de este ensayo hemos visto que forma parte de la misma índole de las humanidades tener cada cierto tiempo que justificar su existencia y su cultivo, tanto en la esfera pública como al interior de las universidades. La situación que hoy ellas experimentan es bastante grave, aunque no es muy distinta, hemos visto, a la que han debido enfrentar en otras épocas —para advertirlo, basta recordar el debate entre T. H. Huxley y Matthew Arnold a fines del siglo xix y más tarde el debate desatado por C. P. Snow en su famosa conferencia sobre las dos culturas—. De manera que la situación presente, cuando las humanidades están amenazadas por el autoritarismo y la incomprensión acerca de su papel, si bien es una amenaza para las humanidades, es también una ocasión para que reafirmen su propia identidad y reclamen el lugar que les corresponde en el ámbito de la cultura.

Para hacerlo, es imprescindible que recordemos lo que las caracteriza, el hilo que unifica y vincula a quienes descifraban textos en Pérgamo, a Lorenzo Valla y Petrarca, que recuperaban el saber de Cicerón o Quintiliano, y a un crítico literario dedicado hoy al estudio de la obra de Derrida o a los estudios culturales. ¿Qué tienen en común esos quehaceres, en apariencia indisciplinados y diversos? Lo que tienen en común la historia, la lingüística, la literatura, el arte, la música, es que se encuentran empeñadas en descifrar los significados que subyacen a la creación humana, en indagar y explorar las mallas de significado, develar el misterio del lenguaje que nos configura hasta alcanzar incluso a nuestro propio cuerpo. Y al hacerlo, muestran que el mundo es contingente y de esa manera señalan los intersticios por donde se insinúa la posibilidad de un mundo distinto al que hoy día poseemos. Las humanidades muestran lo que Heidegger llamó la diferencia ontológica: el mundo en derredor es solo una de las muchas formas posibles de concebirlo y de concebirnos. En esa tarea las humanidades poseen un gigantesco potencial crítico, desde luego, pero también político porque rehúsan, con muy buenas razones, a creer que el mundo que tenemos es definitivo y nos recuerdan una y otra vez que la condición humana consiste en interpretarse a sí misma y, por esa vía, en inventarse.

Lo anterior es lo que hace imprescindibles a las humanidades en la universidad contemporánea. La universidad es la única institución de la sociedad moderna que hace de la reflexión su quehacer más propio; sin ella, la sobreabundancia de información, en vez de servirnos, nos desorientaría y los avances tecnológicos, en vez de proveernos bienestar, podrían acabar sometiéndonos, o lo que es peor, y como hoy día está ocurriendo, acabarían erigiendo al técnico en el profeta de nuestro tiempo.

Kant —a quien debemos buena parte de la autoconcien-
cia de la sociedad moderna— lo dijo de forma inmejorable cuando observó en *El conflicto de las Facultades* que lo
propio de la universidad consistía en atesorar y divulgar
el saber de su tiempo pero, a la vez, discutir que ese saber
sea posible, discutir sus condiciones de posibilidad. Heidegger, en *¿Qué significa pensar?*, observa, por su parte,
que «la ciencia no piensa», con lo cual quiere decir que es
ignorante acerca de las condiciones que la hacen posible.
Minimizar a las humanidades, arrinconarlas, malenten-
derlas confundiéndolas con la alta cultura, o lo que sería
peor, empujarlas fuera de la universidad dejaría a esta última cercenada en una de sus tareas fundamentales, y a
la sociedad, sin la disposición de desarrollar la capacidad
reflexiva acerca de sí misma.

Pero incluso más allá de eso, las humanidades no solo
configuran el quehacer más propio de las universidades,
sino que hacen posible el ámbito de lo público, ese ámbito donde se plantea y se intenta, una y otra vez, responder
la pregunta que Platón hizo en la *República*, diciendo que
era la más importante de todas: ¿cómo es que debemos
vivir? Si la condición humana no fuera contingente, si
no supiéramos o no se nos recordara que la vida humana se sostiene a sí misma tejiendo significados, entonces
ninguna deliberación acerca de la vida en común tendría
sentido, y la política quedaría reducida a un *policy making*
que no sería capaz de orientarse a sí mismo. Heidegger,
como vimos, profetizó en uno de sus textos que cuando
la técnica lo invadiera todo, las masas se reunieran en

asambleas populares y el «boxeador rigiera como el gran hombre de la nación» —¿acaso no es ese nuestro mundo?—, entonces «justamente entonces cruzarían todo ese aquelarre como fantasmas las preguntas ¿para qué?, ¿hacia dónde?, ¿y después qué?».

Si el poder político —o el boxeador, como diría Heidegger, pero todos sabemos quién es hoy ese boxeador— amenaza a las humanidades, no son estas últimas las que están en peligro, sino la universidad y la democracia porque ambas descansan en la posibilidad de que el mundo que tenemos ante los ojos y los significados que lo sostienen son contingentes y que el diálogo y la razón que las humanidades ejercitan muestran que, justo porque son contingentes, podrían ser distintos. Ese es el valor de las humanidades y esa, la fuente del temor que causan en la técnica y en el poder.

La obra de autores como Derrida o Foucault, en vez de derogar tan solo la idea de razón o de sujeto, la hacen más compleja y diferenciada, mostrando que las humanidades son capaces de volver sobre sí mismas.

Sin embargo, debemos reconocer que las amenazas a las humanidades también provienen de dentro de ellas. A menudo olvidamos que las humanidades se sostienen en las habilidades de la lectoescritura y que ellas se aprenden leyendo los clásicos, en la confianza de que ellos tienen algo que decirnos y que no son simples pretextos para interpretarlos; que el individuo no es solo los procesos de subjetivación, puesto que si así fuera no existiría ningún lugar desde el que pudiéramos elaborar la crítica;

y que la razón no es un relato más entre otros, sino el instrumento que, radicalizado, nos permite descubrir la contingencia del mundo. Aristóteles enseña que las virtudes más grandes, como la justicia, se erigen sobre otras más pequeñas, como la cortesía. Lo mismo habría que decir de las humanidades: ellas solo pueden realizar su indispensable papel crítico y desmitificador si primero recuerdan que hay un hilo invisible que las une con todos aquellos, como Valla, Petrarca, los filólogos de Alejandría o los críticos de hoy, que desde antiguo se han empeñado en dilucidar el misterio del lenguaje, confiados en que este tiene algo que decirnos y en que, si no nos empeñamos en el propósito de descifrarlo, la realidad en torno acabará enmudeciendo, y artículos como los de Alan D. Sokal —donde las humanidades y los estudios culturales son presentados como un conjunto de galimatías, una pantomima y un engaño— acabarán siendo descripciones fieles.